# Hans-Gerd Adler

# Fortsetzung

## Der Autor

Hans-Gerd Adler, Jahrgang 1941, ist von Beruf Industriekaufmann und qualifizierte sich zum Dipl. Wirtschaftsingenieur (FH). Seit 1977 war er mehr als zwanzig Jahre als Karnevalist tätig. 1989 wurde er Vorsitzender der Bürgerinitiative *Demokratische Initiative Heiligenstadt* und koordinierte die Friedliche Revolution in der Kreisstadt. Für sein Engagement wurde er 2012 durch Bundespräsident Gauck mit dem Bundesverdienstkreuz am Bande geehrt. Neben seinem politischen Engagement gilt sein besonderes Interesse der Pflege und Erhaltung der Eichsfelder Mundart. Für diese hat er eine Schreibweise entwickelt, mit deren Hilfe einheimische Dialekte in ihrem Sprachklang dauerhaft konserviert werden können.

# Fortsetzung

Nachdenkliches in Versen
über Krieg und Frieden

## Impressum

Hans-Gerd Adler, Fortsetzung.
Idee, Autorenschaft: Hans-Gerd Adler, Heilbad Heiligenstadt.
Umschlagmotiv: Claudia Titlbach, Heilbad Heiligenstadt.

Bibliografische Information der Deutschen Nationalbibliothek:
Die Deutsche Nationalbibliothek verzeichnet diese Publikation
in der Deutschen Nationalbibliografie; detaillierte bibliografische
Daten sind im Internet über http://www.d-nb.de abrufbar.

Herstellung und Verlag:

BoD – Books on Demand, Norderstedt

ISBN: 978-3-7460-2867-5

*Denken*
*ist mehr als Instinkt.*
*Denken*
*ermöglicht Nachdenken.*
*Nachdenken*
*ist mehr als Denken.*
*Nachdenken*
*verändert die Welt.*

# Widmung

Ich möchte meine Verse an alle Menschen richten, die ob des Krieges in der Ukraine so unerwartet in Ängste geraten sind und sie ermutigen, in ihrem Mühen um ein friedliches Miteinander in Europa nicht zu ermüden.

Den Menschen in der Ukraine gilt meine große Bewunderung ob ihres ungebrochenen Willens, ihre Heimat zu verteidigen. Sie leisten einen unschätzbaren Dienst für uns, die wir das unmittelbare Kriegsgeschehen nicht erleben müssen.

# Vorbemerkung

Fortsetzung, ein Begriff, der umfassend für Entwicklung und Zukunft steht. Irgendwie hat alles seine Fortsetzung. Fortsetzung ist ein ewig andauernder Prozess. Allerdings erscheinen uns die temporalen Augenblicke doch sehr endlich. Mit der erfahrbaren und weit verbreiteten Redewendung „*Mit dem Tod hört alles auf*" ist eine solche Auffassung letztlich auch bestätigt. Diese, auf eine menschliche Lebenszeit gerichtete Sicht, gilt sowohl für die irdische als auch interstellare Dimension. Der einzige Unterschied besteht in den Zeiträumen von gewaltigen Ausmaßen, in denen die Prozesse ihre Fortsetzung erfahren.

Was können Menschen als denkende bzw. nachdenkende Wesen daran ändern? Sind sie imstande, auf derartige Fortsetzungen Einfluss zu nehmen?

Im Grunde genommen heißt die Antwort: *Nein!* Ist die Frage nach der umfassenden irdischen Dimension ebenso zu beantworten, oder gibt es zumindest Bereiche, in denen der menschliche Einfluss doch möglich und auch spürbar ist? Die Geschichte liefert uns ein deutliches Bild der Einflussnahme des Menschen auf die Entwicklung im sozialen Zusammenleben, und zwar sehr deutlich als positive und negative Ergebnisse. Die Fortsetzung seiner Einflussnahme ist naturbedingt auch weiterhin gegeben. Die Verdrängung oder gar Eliminierung negativer Entwicklungen wird allerdings nur unter der Bedingung erfolgen können, wenn eine sehr starke Bewusstseinsbildung Einzelner oder ganzer Gruppen ihre Erkenntnisse für eine absolut *positive* Fortsetzung der sozialen Entwicklung zur Geltung bringt. Die innere Verfasstheit, mangelnde Kraft und Unfähigkeit der menschlichen Wesen sind dabei allerdings die größten zu überwindenden Hürden. Sie drängen eher zur *Beibehaltung*, dem Gegenteil der *Fortsetzung*.

Aber eine absolute Konservierung eines Status Quo wird durch stetige Einflüsse verhindert. Es sind vor allem Erkenntnisse und Bedingungen, die zu Wandel und Anpassung führen und somit der Fortsetzung Raum geben. Die Fortsetzung der Beibehaltung ist ebenfalls darin eingeschlossen.

Die globalen, durch Menschen verursachten Entwicklungen bezüglich Umwelt, Klima, Energie und Bevölkerungswachstum bewegen mich zu einem nicht ganz optimistischen Blick in die Zukunft. Manchmal habe ich den Eindruck, die oben genannte irdische Dimension nähert sich mit großen Schritten ihrem temporären Ende. Wäre dies meine endgültige Auffassung, könnte ich mir die Suche nach Antworten auf offene Fragen ersparen. Zum Glück aber lebt etwas in mir, das mich treibt, auf Suche zu bleiben. Es ist die Hoffnung! Hoffnung, dass den vielen Erfahrungen und Erkenntnissen der Menschheit endlich doch ein mehr und mehr sich verbreitendes Nachdenken folgt, welches ihrem Handeln eine neue, zukunftsträchtige Fortsetzung ermöglicht und sichert.

Bei den *Betrachtungen in Versen* in *Nicht alles reimt sich* (2011) wurde bereits eine Fortsetzung angezeigt. Mit der Frage „Woher kommen Krieg und Frieden und was bringen sie uns?" wurde die Suche nach Antworten deutlich.

In diesem Buch möchte ich mich nun auf die Suche begeben und Antworten wiederum als Verse formulieren. Dabei soll diesmal nicht die Betrachtung im Vordergrund stehen. Vielmehr soll ein individuelles Nachdenken die präsentierten Antworten bestärken und ergänzen. Eine teilweise oder auch völlige Ablehnung der subjektiven Ansichten des Verfassers ist ebenso ein Erfolg für diejenigen, die ihre eigene Sichtweise nicht verwerfen müssen.

Ich bin mir bewusst, dass ich mit meinen Versen sicher keine Leser überzeugen kann, ihre Lebensgewohnheiten und

Denkweisen so zu ändern, dass sie meiner Sichtweise entsprächen. Zu einem Nachdenken und Abwägen möchte ich sie dennoch ermutigen. Schließlich geht es um die Fortsetzung unseres Lebens und das unserer Nachkommen auf dieser Erde. Es lohnt sich, sich den aktuellen Herausforderungen zu stellen, denn darin kann der Sinn des Lebens sichtbar werden.


Hans-Gerd Adler


Wyk auf Föhr, im November 2019

# Ergänzung

Ich komme nicht umhin, den Vorbemerkungen eine Ergänzung hinzuzufügen. Die Ursache dafür liegt in der Unterbrechung der Fortsetzung der Gedanken zu einer herausfordernden Thematik. Es ist aber nicht mein fehlender Mut oder ein Festfahren in der Darlegung bereits in Versen formulierter Gedanken, die mich dazu veranlasst haben. Vielmehr hat meine schriftstellerische Liebe zur Eichsfelder Mundart auch nach Fortsetzung verlangt und so diese Unterbrechung herbeigeführt.

Die Unterbrechung der *Fortsetzung* erweist sich damit als gewissermaßen schicksalhaft. Unter Beachtung der jüngsten Ereignisse in Europa und darüber hinaus bekommt die Suche nach den Ursachen von Krieg und Frieden erneut Gewicht und ist unerwartet aktueller denn je. Die Gründe für die imperialen Aktivitäten eines von Putin beherrschten, bereits riesigen und reichen Landes, sind hinlänglich bekannt. Damit werden viele meiner Gedanken zur greifbaren Realität. Der Bezug auf das Individuum Mensch gilt in all seinen Dimensionen ebenso der menschlichen Gesellschaft. Es wird deutlich, dass ein einzelnes Individuum einen solchen Einfluss auf seine ihm zugewachsenen gesellschaftlichen Strukturen bekommen kann, dass eine ganze Region, ja die ganze Welt in Gefahr gerät. Mit Blick auf die hegemonialen Absichten eines Putin verstärkt sich mein Eindruck, den ich bereits formulierte: ... *die oben genannte irdische Dimension nähert sich mit großen Schritten ihrem temporären Ende.* Wohlgemerkt, das ist die Angst in mir, die sicher viele Menschen mit mir teilen, aber es ist nicht meine Überzeugung, dass der Untergang der Menschheit tatsächlich in greifbare Nähe gerückt ist. Denn die Hoffnung, dass trotz allem, durch den Krieg gegen die Ukraine verursachten Tod und Verderben, eines Tages die guten

Kräfte im Menschen obsiegen werden, dass Frieden und Freiheit für die Völker Europas und der Welt wieder zum erlebbaren Faktor werden, überwiegt alle berechtigten Ängste.

Um einen wirkungsvollen Blick auf Ursachen und Folgen von Krieg und Frieden werfen zu können, wird zunächst erneut die in *Nicht alles reimt sich* erstellte Gegenüberstellung wiedergegeben. Die Verse sind der spaltenweisen Reihenfolge angepasst. Damit soll ohne Abschweife die Fülle der Ursachen und Folgen zum Ausdruck kommen. Eine Gegenüberstellung der Ursachen und Folgen von Krieg und Frieden kann aber auch von den Lesern selbständig gezielt vorgenommen werden. Die eingefügten hochgestellten Zahlen geben die Seite an, auf der der entsprechende Vers zu finden ist.

Heilbad Heiligenstadt, im Juli 2022

# Woher kommen Krieg und Frieden?

## Krieg      Frieden
### kommt durch

| Krieg | Frieden |
|---|---|
| Habenwollen [16] | Mildtätigkeit [50] |
| Neid [18] | Zufriedenheit [51] |
| Rachsucht [20] | Vergebung [52] |
| Missgunst [21] | Großmut [53] |
| Machtbedürfnis [22] | Bescheidenheit [54] |
| Egoismus [23] | Gemeinschaft [56] |
| Herrschsucht [24] | Dienen [57] |
| Anspruchsdenken [25] | Verzicht [59] |
| Gleichgültigkeit [26] | Solidarität [61] |
| Hass [28] | Liebe [62] |
| Gewalt [29] | Gewaltlosigkeit [63] |
| Lüge [30] | Wahrheit [64] |
| Untreue [31] | Treue [66] |
| Bosheit [32] | Sanftmut [67] |
| Ehrfurchtslosigkeit [33] | Ehrfurcht [68] |
| Missachtung [34] | Achtung [69] |
| Vergeltung [35] | Versöhnung [70] |
| Unverständnis [37] | Verständnis [71] |
| Zorn [38] | Geduld [72] |
| Instrumentalisierung [39] | Würde [73] |
| Zügellosigkeit [41] | Verantwortung [75] |
| Herzlosigkeit [42] | Barmherzigkeit [77] |
| Haltlosigkeit [43] | Wertebindung [78] |
| Ungehorsam [45] | Gehorsam [79] |

Menschen [46/81/103]
*Dich?* [104]

Kriege
sind erst dann
gebannt,
wenn der
Frieden
im Herzen
aller Menschen
wohnt.

# Kriege

Rückblickend auf die Geschichte des Menschen ergeben sich aus der nebenstehenden Formulierung die Fragen:

1. Ist das eine Utopie?

2. Wer ist in der Lage, auch nur eine Epoche zu benennen, in welcher der Mensch ohne kriegerische Auseinandersetzung auskam?

Kriege ziehen sich wie ein rotes Band durch alle Epochen des menschlichen Daseins. Aber trotz allem wohnt uns die Überzeugung inne, dass jeder Einzelne nicht das Bedürfnis nach Krieg in sich trägt, sondern den (inneren) Frieden sucht. Warum also ist es bisher nie gelungen, Kriege zu vermeiden? Sind die naturgegebenen und die sich evolutionär entwickelnden Wesenszüge und Verhaltensweisen des Menschen Quellen dafür?

# Habenwollen

Grammatisch wohl nicht ganz korrekt
Erscheint hier das geschriebene Wort.
Doch so geschrieben führt der Effekt
Zum Kern des Wortes auch sofort.
Denn untrennbar ist oft das Streben
Nach mehr zu haben, mehr zu wollen
Als der Mensch halt braucht zum Leben.
Drum: Sein Besitz muss stetig zollen.

Ein solcher Mensch sitzt niemals still,
Sein Streben treibt ihn unverwandt.
Je mehr er hat, je mehr er will,
Weist keine Chance von seiner Hand,
Die sich ihm unaufhaltsam bietet,
Die er sucht und fabriziert;
Und die Helfer, die er mietet,
Sind zuweilen fasziniert.

Niemals fragt er: Was ist der Preis?
Allein das Ergebnis ist ihm wichtig,
Denn dies bedeutet, wie man ja weiß,
Dass dieser Mensch ist einfach tüchtig!
Und niemand fragt nach der Prozedur,
Ob diese gerecht und ehrlich ist.
Denn viel Besitz bringt Ansehen pur,
Verdeckt so manches seiner List.

Haben und Wollen, so geschrieben,
Sind Antriebskräfte und durchaus gut.
Denn wo wär der Mensch geblieben,
Wenn er nicht hätte diesen Mut,
Zu erkennen alle Welt,
Mit allem, was sichtbar und verborgen,
Und was sie auch zusammenhält,
Viel länger als bis zum nächsten Morgen?

Habenwollen, ungebremst,
Das ist wohl nicht des Menschen Zier.
Es ist ein Verhalten, das du kennst,
Das dir begegnet auch als Gier.
Wenn Menschengruppen danach leben,
Dann wird es für den Rest der Welt
Niemals einen Frieden geben,
Denn dann ist dieser schlecht bestellt.

# Neid

Von ihm berichtet schon die Bibel
Als einem der Menschheit großem Übel.
Kain erschlug seinen Bruder Abel
Aus purem Neid ganz miserabel.
Weil er glaubte, Gottes Auge würde fallen
Mit weitaus größerem Gefallen
Auf des Bruders Opfer, statt auf seines.
Das traf ihn hart im Mark des Beines.

Und dieses Verhalten wurde Erbe
Für alle Menschen dieser Erde.
Nun ist auf andere der Blick getrübt,
Wenn selbstempfundene Unterlegenheit siegt,
Und Kleinmut und Schwäche unser Denken
Auf Besitz und Stellung der anderen lenken,
Und so den eigenen Mangel kalt servieren.
Nur Engel können darauf nicht reagieren.

Wir aber neiden dem anderen auch sehr,
Wenn ihm Schönheit, Talente oder Ehr
Sichtbar zu seinem Eigen sind geworden.
Da reifen Gedanken, selbst an morden,
Die zu verbergen man ist bestrebt.
Doch der Neid frisst weiter, ja er lebt,
Er lebt und wächst, bis dass die Kraft
Abhilfe für einen Ausgleich schafft.

Mit Gewalt, mit Lüge, mit List und Tücke
Gerät er so oft in aller Blicke
Und macht als Raub und Mord die Runde,
Als wäre der Teufel hier im Bunde,
Wie die Geschichte oft uns kündet,
Wenn solch ein großes Feuer zündet,
Dass gar der Erdball steht in Flammen.
Dagegen gibt es kein Ermannen?

Warum nur bleibt uns das Versagen?
Warum statt Lösungen doch nur Fragen?
Warum die Erfahrung uns nicht lehrt?
Warum dem Neid in uns nichts wehrt?
Die Zeit des Neids in unserem Walten
Wird nur beschränkt durch das Verhalten,
Wenn wir dem anderen zeigen können,
Dass alles Glück wir gern ihm gönnen.

# Rachsucht

Ein Bestreben sei verflucht,
Das manchem Menschen innewohnt,
Und welches wie ein Krebsgeschwür
Ihn dauerhaft auch nicht verschont,
Und schließt so manche offene Tür,
Weil stets er nur nach Rache sucht.

Auge um Auge, Zahn um Zahn,
So ist beschrieben das große Übel
Der Menschheit schon zu alter Zeit,
Und nachzulesen in der Bibel,
Was draus erwuchs an Tod und Leid,
In so manchem Rachewahn.

Wie du mir, so ich dir,
Das ist die Rede unserer Tage,
Die nach Vergeltung hörbar schreit;
Ergibt sich daraus nicht die Frage:
Warum werden Menschen nicht gescheit,
Und Rache wächst vom Ich zum Wir?

Mein ist die Rache, der Herr so spricht,
Den der Mensch als Gott verehrt,
Denn darin, so sagt uns der Verstand,
Und das ist eben nicht verkehrt,
Es liegt so deutlich auf der Hand:
Rache ist des Menschen Sache nicht!

Denn wenn die Rache Raum gewinnt,
In seinem Denken und somit im Handeln,
Wird sie als Spirale spürbar werden
Und vernichten Vieler Wandeln,
Wird sie bedrohen unsere Erde,
Solange wir nicht von hinnen sind.

# Missgunst

Ein kaltes Lächeln zeigt uns an,
Ob die Gesinnung ist vorhanden,
Wenn dem die Augen folgen dann,
Hat man den Anderen jäh verstanden.

Eine Gesinnung, die gleich dem Neid,
Dem Menschen ist zu eigen,
Tat sich, zwar nicht als Zank und Streit,
Doch als Verhalten damit zeigen.

Als bösartig ist sie anzusehen,
So sagt uns der Gelehrte Kant.
Wenn wir des Anderen Wohl verstehen,
Mit unvollkommenem Verstand.

Dann wächst in uns die Missgunst rasch,
Wenn unser Eigenwohl erscheint zu minder,
Des Anderen dagegen überhöht erfasst,
Wodurch die Seele nicht gesünder.

Vielmehr, Vertrauen wird zerstört,
Da Vorbehalte sich nun etablieren,
Reagiert man darauf noch empört,
Gibt es Zündstoff gar zum Eskalieren.

Was ein Anderer besitzt und kann,
Das hat schon manchen Streit entfacht,
Der der ganzen Welt sodann
Hat tausendfachen Tod gebracht.

Könnte überwunden Missgunst werden,
Dann wäre die Menschheit viel gesünder,
Dann herrschte Frieden hier auf Erden,
Für uns und unsere fernen Kinder.

# Machtbedürfnis

Ein Bedürfnis wohnt dem Menschen inne,
Dass er zeitlich Macht gewinne,
Und eindeutig so zum Ausdruck bringe,
Dass seine Herrschaft ihm gelinge,
Über Mensch und viele Dinge.

Ungeachtet all seiner Wege,
Bedarf es niemals weiterer Hege
Der Hindernisse, die oft rege,
Sich befinden auf dem Stege,
Und so bestimmt sind für die Fege.

Was sich in den Weg auch stellt,
Wird beseitigt, wird gefällt,
Alles, was die Macht erhält,
Wird strikt per Order auch bestellt,
Wenn es sein muss, für die Welt.

Da gelten keine Siegelplomben,
Raketen, Kugeln und auch Bomben
Erfordern dann nur Katakomben,
Wo Hände falten sich zu Rhomben,
Sich recken flehentlich nach Omben[1].

Ganz ohne Macht, da geht es nicht,
Sie hat berechtigt ihr Gewicht,
Muss Sorge tragen bei Gericht,
Und dass behält der Mensch Gesicht,
Doch unterwerfen darf sie nicht.

---

[1] Als Synonym für Helfer (Ombudsperson)

# Egoismus

Egoismus bezeichnet Streben und Haltung,
Die in so manchem Menschen fristen,
Sie bringen Ärger, oft auch Spaltung,
Davon zeugen lange Listen.

Das große Gebot der Christen,
Liebe den Andern wie dich selbst,
Das gilt niemals für Egoisten,
Die lieben nun mal nur sich selbst.

Ihre Wünsche, die unermesslich sind,
Sind sozusagen ihre Sucht,
Nichts von ihnen verweht der Wind,
Nichts von ihnen geht auf Flucht.

Jeder Vorteil, der sich bietet,
Darf nicht ungenutzt vergehen,
Weil der Anspruch halt gebietet,
Auf Erfüllung stets zu sehen.

Ohne Rücksicht auf Verluste,
Die ein Anderer hat zu ertragen,
Selbst, wenn schwindet dem die Puste,
Hat doch einer nur das Sagen.

Das ist nun mal der Egoist,
Der schon viel länger existiert
Als so mancher fromme Christ,
Und der sich niemals isoliert.

# Herrschsucht

Der Mensch hat sich darauf eingestellt
Zu beherrschen unsere Welt
Mit allem, was da ist und lebt,
Was unsichtbar in Köpfen schwebt.

Wenn ihm das Herrschen wird zur Sucht,
Geht die Kontrolle flugs auf Flucht,
Die er über sich selbst bis dato hatte,
Ab nun wirft er nicht mehr mit Watte.

Aggressiv wird folglich sein Verhalten,
Widerspruch lässt er nicht walten,
Andersdenken wird gefährlich,
Für alle die, die offen ehrlich.

Umfassende und ständige Kontrolle
Spielen für ihn eine große Rolle.
Um seine Herrschaft zu erhalten,
Lässt er seine Büttel walten.

KGB-, Gestapo- und Stasimethoden
Sind die Garanten für das Roden
Des Waldes der Freiheit und Demokratie;
Und er lässt sich bewundern als Genie.

Geliebt aber wird er weithin nicht,
Obwohl das Bild vom Vater spricht,
Der, das weiß ein jeder, hat nur gelogen
Und um die Zukunft gar sein Volk betrogen.

Doch diese Ansicht ist nicht seine Sicht!
Vielleicht vermittelt sie ihm ein Gericht?
Lässt er sich fangen, wird er auch bereuen?
Wenn nicht, so wird sich nur der Teufel freuen!

# Anspruchsdenken

Es steht mir doch auch schließlich zu,
Denn ich habe auch etwas geleistet,
So denkt so mancher Volksgenosse.
Drum handelt er dann auch im Nu,
Den Anspruch sich auch laut erdreistet,
Mit Nachdruck der erhobenen Flosse.

Seine strikte Anspruchshaltung,
Der sein Umfeld Nahrung gab,
Löst in ihm Enttäuschung und Frust.
Wenn auch überzogen seine Haltung,
Er wälzt die Schuld auf Andere ab,
Die ihm vermiesen seine Lust.

Wenn solch narzisstischer Charakter
Einem Volke Richtung weist,
Dann ist der Krieg vorauszusehen.
Die Befehle werden stets kompakter
Und die Handlung dann auch dreist,
Dem „Feind" wird's an den Kragen gehen.

Erst wenn die Erwartung befriedigt ist,
Dann triumphiert der starke Mann
Und sinnt alsdann nach neuem Ziele.
Sein Anspruch drängt fortan zur List,
Die keiner je begreifen kann,
Jedoch entspricht sie seinem Stile.

# Gleichgültigkeit

Des Menschen Schicksal und Verhalten
Wird sehr beeinflusst durch sein Walten.
Was ihn auch bedrängt zu aller Zeit,
Erträgt er mit Gleichgültigkeit.
Obgleich der Mensch erfahren, klug,
Bleibt ihm zu Eigen sein Wesenszug.

Selbst im Angesicht des Bösen
Kann er davon kaum sich lösen.
Doch wenn er sich damit befasst,
Kann er auch mindern diese Last
Und erkennen in der Frist,
Was gleichgültig ihm so ist.

Den Begriff hier zu ergründen,
Wird in einem Zwiespalt münden.
Schon der Plan, ihn aufzuschreiben,
Lässt die Gedanken in sich reiben.
Stimmt die Orthografie denn wirklich auch?
So fragt dich das Gefühl im Bauch.

Ja, gewiss, geschrieben wird in einem Guss
Das eine Wort, und damit Schluss!
Denn es ist doch völlig schnuppe,
Was da noch steckt in dieser Suppe.
Wühl darum nicht in diesem Brei,
Alles ist gleichgültig, egal und einerlei.

Gut, du hast deinen Bauch gefragt
Und das gehört, was er gesagt.
Wenn nun dein Kopf genau so denkt,
Dann achte, worauf er dich nun lenkt!
Gleichgültig also ist so manches dir,
Was da so ist im Jetzt und Hier?

Gleichgültig, was da kommt noch morgen,
Denn andere werden sich drum sorgen?
Gleichgültig, ob da jemand pennt,
Oder ob des Nachbarn Bude brennt?
Gleichgültig, ob ein Sturm dort tobt,
Wo von dir doch keiner wohnt?

Der letzte Satz, wie du bemerkt,
Hat dein Bewusstsein sehr gestärkt.
Es ist dir völlig einerlei,
Denn du, du bist ja nie dabei!
Dich trifft doch all das Schicksal nicht,
Woran so mancher Mensch zerbricht!

Solange du hast satt zu essen
Und du behältst, was du besessen,
Solange ist es dir egal!
Du denkst: Ihr könnt mich alle mal!
Solange bleibt das Denken dir:
Alles ist gleichgültig mir!

Doch halt mal eine Weile ein
Und füge ein Leerzeichen ein.
Gleich gültig - so hast du erkannt!
Reagiert denn jetzt nicht dein Verstand?
Was eben dir noch gleichgültig war,
Wird nun als Mangel offenbar.

Nur ausgesprochene Egoisten
Können ihr Verhalten nicht umrüsten.
Doch Egoist, das bist du nicht!
Du hast ja eine andere Sicht,
Weißt, alles hat seinen eigenen Wert,
Darum ist gleich gültig nicht verkehrt!

# Hass

Hass, das ist Abneigung pur.
Er frisst in der Seele wie eine Raupe
Und hinterlässt sichtbar seine Spur.
Was ihm anheimfällt, wird zu Staube,
Ist ausgewählt für die Vernichtung;
Feindseligkeit, das ist sein Glaube.
Was seinen Taten gibt die Richtung,
Hat die Geschichte uns präsentiert,
Als Wahrheit, aber nicht als Dichtung!
Im Rassenhass ein Volk verführt,
Millionen Tode war die Folge,
Nicht tot der Hass, den man noch spürt.
Selbstüberschätzung im Gefolge,
Die brachte dann den Klassenhass,
Massiv verordnet als Gesetzesfolge.
In neuer Zeit, ein neuer Hass,
Der die Gesellschaft wieder spaltet,
Verbreitet sich als Fremdenhass.
Solang der Hass im Menschen waltet,
Wird es nimmer Frieden geben,
Bleibt die Welt gewiss gespaltet.
Ja, mit Hass, da muss man leben,
Ihn werden Menschen niemals los,
Selbst wenn sie stets nach Frieden streben.

# Gewalt

Wenn man das Wort Gewalt betrachtet,
Das mit Inhalt sehr befrachtet,
Wird bereits im Schriftbild klar,
Weil nach der Lehre der Phonetik
Hier wird eine Kraft bestätigt,
Die in Gewalt wird offenbar.

Wir wissen, dass sich Naturgewalten
Nicht nach unserem Wollen halten,
Wir müssen uns nach ihnen richten.
Auch wenn der Mensch bekommt Gewalt,
Agiert er sehr schnell ohne Halt
Und läuft Gefahr, sich zu vernichten.

Wenn Gewalt und Herrschaft sich verflechten,
Schmachten im Lande die Gerechten
In den Kerkern und Verließen.
Freiheit, die wird unterbunden,
Und wer keinen Halt gefunden,
Der muss glauben, was verhießen.

Gewalt vor Recht, das ist Methode.
Postuliert in Gesetzen und als Parole
Werden Macht und Befugnis offenkundig.
Agonie und Ohnmacht machen sich breit
Sodann im Volke, landesweit,
Der Herrscher bleibt indes großmundig.

Gewaltenteilung, das muss sein,
Nur so dämmt die Gewalt man ein,
Die rücksichtslos beherrscht das Land.
Gewalt ohne Grenzen, zügellos,
Endet stets in einem Chaos,
Das ist dem Menschen doch bekannt?!

# Lüge

Bei Kommunikationen wird das Verhalten
Sich nach den Zielen auch gestalten.
Täuschung ist dann angesagt,
Wenn der Vorteil überragt,
Bei dem, der eine Absicht hat.
So findet dann die Lüge statt.

Gelogen wird aus vielen Gründen.
Jedoch die meisten davon finden
Nicht lange ihren Halt auf Dauer.
Denn wie nach einer Regenschauer
Die Sonne durch die Wolken bricht,
Kommt die Wahrheit an das Licht.

Doch diese Regel ist durchtrennt,
Wenn die Lüge permanent
Und konsequent wird laut verkündet.
Ein jeder hört sie, und empfindet
Schließlich in der Zeitenfrist,
Dass alle Lüge Wahrheit ist.

So haben Kriege meist begonnen,
Wenn im Denken hat gewonnen
Lug und Trug bei dem, der waltet.
All sein Trachten ist gestaltet
Mit Zwietracht und mit viel Intrige,
die verhelfen sollen ihm zum Siege.

Was daraus wurde und noch wird,
Hat die Geschichte vorgeführt,
Die viele von uns noch erfahren.
Was wird geschehen in den Jahren,
Wo unsere Kinder heranwachsen?
Erleben sie auch solche „Faxen"?

# Untreue

Untreue, sie hat viele Facetten,
Sie gehört zum Menschen seit uralter Zeit,
Durchzieht die Geschichte in langen Ketten,
Ohne Unterbrechung, trotz vielem Leid.

Ehebruch, Diebstahl, Missbrauch, Betrug
Belasten das Zusammenleben oft intensiv.
Weil der Mensch glaubt, er bekomme nie genug,
Gerät er auf Bahnen, die sind eben schief.

Da Vertrauen gebrochen durch die Untreue,
Wird der Zusammenhalt endlich gestört.
Zeigt der Schuldige auch seine Reue,
Bleibt die Gesellschaft dennoch empört.

Untreue ahnden, etwa mit Waffen,
Bringt nicht die Lösung zur Vermeidung der Tat,
Drum hat sich der Mensch Gesetze geschaffen,
Und hält sie für die Sühne der Täter parat.

Doch wenn Staaten hingegen untreu geworden,
Ihr Bündnis zur Wahrung des Menschenrechts brechen,
Müssen wieder ertragen die Völker das Morden,
Da gibt's keine Sühne, da gibt's nur noch Rächen.

# Bosheit

Schlicht ist es eine Teufelei,
Da das Böse sich gebündelt
In der Menschen Herz und Seele,
Und sowohl leise, als auch mit Schrei
Sich am Anderen entzündet,
Selbst wenn der ist ohne Fehle.

Gemein und niederträchtig ist ihr Bild,
Gift und Tücke ihre Farben,
Ruchlos und infam ihr Wesen,
Niemals schlafend, immer wild,
An Spott, Sarkasmus niemals darben,
Scheut nicht Gabel und nicht Besen.

Sie ist nicht etwa eine Mieze,
Mit der man gerne kuschelt gut,
Die jederzeit ist gern gesehen,
Nein, die Bosheit ist Malice,
Wie man sie englisch nennen tut,
Man sieht sie lieber wieder gehen.

Wenn ein Herrscher ist besessen
Von der Bosheit, wie beschrieben,
Geht die Sache übel aus,
Denn er kann niemals vergessen,
Den, der hat ihn angetrieben,
Den Diabolus in seinem Haus.

# Ehrfurchtslosigkeit

Die Missachtung aller Würden
kennt man als Ehrfurchtlosigkeit.
Sie nimmt zu in einer Zeit,
Wo nun fallen viele Hürden.

Anonym wird sie betrieben
In den sozialen Medien,
Und das nicht mal von wenigen,
Die wir doch auch manchmal lieben.

Ist es Neid oder ist´s Verblendung,
Die diese Clique heute reitet?
Warum sie sich so sehr ausbreitet,
Zeugt oft von mangelnder Vollendung.

Die Achtung vor der Menschen Würde,
Die festgeschrieben für jeden gilt,
Rückt offenbar für manchen erst ins Bild,
Wenn dieser selbst steht ohne Hürde.

Zur groben Ehrfurchtslosigkeit gehören
Die weltweit gestarteten Cyber-Attacken,
Die jedes gehütete Geheimnis knacken,
Sie dringen ein in alle Atmosphären.

Ohne Skrupel und auch rücksichtslos
fällt jede Ehrerbietigkeit dem Gegenüber,
Und immer, immer, immer wieder
Gehen die Attacken von Neuem los.

Wen wundert es da, wenn Anstand schwindet
Und Volk und Leistung beraubt der Ehren,
Und ehrfurchtslos dann alle werden,
Selbst die, die Frieden einst verkündet?

# Missachtung

Gleich der Ehrfurchtslosigkeit
Ist die Missachtung eingereiht
Als Geringschätzung aller Würden
Gegenüber Menschen und ihrem Können.
Selbstüberschätzung und Missgönnen
Sind die Quellen auch dafür,
Des Respekts und des Anstands Tür
Sind für Neider keine Hürden.
Auch Herrscher gehen solche Pfade,
Wenn es gelüstet ihnen grade.

Da zählen nicht gesetzte Grenzen,
Denn die Herrschaft, die soll glänzen,
Am besten vor der ganzen Welt.
Die wird dann in den Bann gezogen
Mit großen Propagandawogen,
Die verbreiten Angst der Massen;
Einmischung soll man tunlichst lassen,
Das wurde deutlich klargestellt.
Die Welt ist wieder erst in Ordnung,
Wenn vom „Feinde" keine Ortung.

Die Frage ist, wer ist der Feind,
Wer ist konkret mit Feind gemeint,
Das darf man doch mal hinterfragen?
Ist es der, der ungehemmt
Land und Volk massiv bedrängt,
Oder ist es gar der eigne Bruder,
Der zwar nicht zählt zum eignen Ruder,
Den endlich packt man nun am Kragen?
Ist es nur wahre Bruderliebe,
Wenn er bekommt jetzt seine Hiebe?

# Vergeltung

Vergeltung, die ist angesagt,
Wenn Rache in der Seele tagt,
Und sie dich immer wieder fragt:
Warum hast du es noch nicht gewagt?

Beeile dich, es steht geschrieben:
Du sollst den Feind doch niemals lieben!
Vergilt ihm, solange dir geblieben
Die Möglichkeit, ihn zu besiegen.

Wenn er dich schlägt, dann schlag zurück,
Wünsch ihm alles, nur kein Glück,
Er soll jetzt büßen Stück für Stück,
Die Faust ihm ins Gesichte drück.

Mach weiter, solang er sich noch wehrt;
Für dich ist es auch nicht verkehrt,
Wenn vor Gericht er sich beschwert.
Du bist dadurch doch nicht gestört!

Du bist ja doch der gute Mann,
Der stets und ständig darauf sann,
Dass man im Frieden leben kann;
Wer fing den ganzen Streit denn an?

Die angeblich nach *Freiheit* nun getrachtet,
Haben dein Anrecht grob missachtet!
Wenn diese Sicht wird so beachtet,
Wird doch nur der Feind entmachtet!

Da ist Vergeltung doch dein Recht,
Denn du bist Herr und niemals Knecht!
Wer's nicht begreift, dem geht es schlecht,
Der wird die Made für den Specht!

Aug um Auge, Zahn um Zahn,
So fing Vergeltung einst auch an.
Was als Vergeltung ward getan,
Entsprang zumeist dem Größenwahn.

# Unverständnis

Wenn rohe Kräfte sinnlos walten
In der Tat und im Verhalten,
So sagt man denn weithin im Land:
„Hier regiert der Unverstand,
Dem Potentaten fehlt Gehirn!"
Man tippt den Finger an die Stirn,
Schüttelt dabei auch seinen Kopf
Und denkt noch: So ein irrer Tropf.

Unverständnis, das empfinden eben
Jene Menschen, die erleben,
Als gäbe es nicht Recht und Gesetze
Und auch keine sozialen Netze,
Als wäre selbst auch die Kultur
Eine sichtbare Barbaren-Spur,
Und sowohl Sprache als auch Teint
Werden offenbar auch noch verneint.

Unverständnis, diese Haltung
Führt in der Praxis denn auch zur Spaltung.
Wenn das Wort wird falsch verstanden,
Kommt Unfrieden gar schnell zustanden
Und man erlebt, wie die Parteien
Laut nach ihrer Meinung schreien,
Sich gegenseitig ignorieren
Und vergessen die Manieren.

Unverständnis, das empfinden eben
Jene Menschen, die erleben,
Wie gar zu oft, mit viel Geschlick,
Belastet wird die Politik,
Die doch als demokratisch gilt,
Aber nicht den großen Hunger stillt,
Nach einer Gleichheit, die es für alle
Nie geben wird in jedem Falle.

# Zorn

Im Zorn, da wurden angerichtet
Mord und Todschlag gleichermaßen,
Wie die Statistik uns berichtet.
Auch was andere einst besaßen,
Fiel dem Zorne oft anheim,
Weil manche die Geduld vergaßen.
Im Handeln mal beherrscht zu sein
Und dem Denken Vorrang geben,
Dies fiel keinem Täter ein.
Was Raserei an Gut und Leben
Auch in der Gegenwart zerstört,
Das zeigen Bilder uns soeben.
Wer zornentbrannt dann Rache schwört,
Den kann man sicher auch verstehen,
Selbst wenn sie ihm nicht angehört.
Wie soll Frieden da bestehen,
Wenn nur Zorn nimmt seinen Lauf,
Und Menschen dann in Angst vergehen?
Welche Kraft nimmt es in Kauf,
Endlich den Zorn in Ketten zu legen?
Diese Hoffnung hört nicht auf.
In Geduld sich tapfer regen,
Um den Zorn wirksam zu zügeln,
Bringt dem Menschen dann auch Segen.

# Instrumentalisierung

Ein Instrument, das wissen alle,
Wird benutzt in jedem Falle,
Je nach Absicht, je nach Ziel,
In einem meist bekannten Stil,
Die Stille einmal zu vertreiben
Oder etwas glatt zu reiben.

Wird dann die Sache vorgeführt,
So wird instrumentalisiert;
Im Orchester und auch im Chor
Stellen Ziel und Absicht sich dann vor,
Als Ohrenschmaus, so ja der Wille,
Vertreiben gekonnt sie große Stille.

Auch das Handwerk, die Industrie
Sind instrumentalisiert wie nie.
Denn ohne Instrumente und Gefäße
Der Mensch noch auf dem Baume säße.
Das war zum Glück auch nicht sein Wille,
Darum ist die Welt heut nicht mehr stille.

Des Menschen Handeln und sein Denken
Will man gern in Richtung lenken,
Die der Absicht und dem Ziele,
In einem meist bekannten Stile,
Nach des Herrschers Macht und Wille,
Den Beherrschten raubt die Stille.

So werden Parlamente instrumentalisiert
Und Parolen proklamiert,
In denen nur noch alles gilt,
Was des Herrschers Hunger stillt.
Und weil das ist gesetzter Wille,
Hält so jedermann dann stille.

Auch in der Demokratie es oft passiert,
Dass Recht und Gesetz instrumentalisiert
Von jenen, die die Absicht hegen,
Parteipolitisch sich zu regen,
Dass ihre Meinung, Volkes Wille,
Doch durchbrechen jetzt die Stille.

Instrumentalisierung, auf politisch,
Ist allgemein dann meistens kritisch,
Weil ihre Postulanten sich nicht halten
An des Grundgesetzes Walten,
Das gesetzt durch Volkes Wille.
Dies bedenke in aller Stille.

# Zügellosigkeit

Zügellos ist ein Verhalten,
Wenn Ethik und Moral missachtend,
Nur nach seinem Ziele trachtend,
Der Mensch wird tätig in seinem Walten.

In solchem Falle steht die Frage:
Hat der Teufel ihn geritten,
Da er vergessen alle Sitten
Beim Handeln Nachts und auch am Tage?

Warum ist er so aggressiv
In seinem ganzen Tun und Denken,
Dass, trotz jeglicher Bedenken,
Nichts ihn zum Innehalten rief?

Vielleicht ist er ja doch besessen
Von einem Dämon, einem bösen,
Und kann von diesem sich nicht lösen,
Da er Anstand und Moral vergessen.

Wenn solch ein Mensch noch Macht gewinnt,
Dann ist es meistens schlecht bestellt
Um allen Frieden in der Welt,
Der dann wie Wasser schnell verrinnt.

Ein Bild noch, das ein jeder kennt,
Ist dies: Wenn ohne Zügel
Ein Pferd auf einer Straße rennt,
Dann geschieht ein großes Übel.

# Herzlosigkeit

Wo ein Herz schlägt, da ist Leben,
Wo es stillsteht, da ist Tod,
Doch es soll auch Leben geben,
Das *ohne Herz* bringt Not und Tod.

Wo ein Herz schlägt, da ist Leben,
Da ist Wärme, da ist Liebe,
Doch wenn es ihm dann fehlt zu geben,
Dann hat das Herz ganz andere Triebe.

Zwar schlägt das Herz in diesem Falle,
Doch bleibt es kalt, ohne Gefühl,
Hat keine Empathie für alle
Und handelt nur nach eigenem Stil.

Herzlos wird ein Mensch genannt,
Wenn er gnadenlos sich gibt,
Und so ist er auch dann bekannt,
Wenn niederträchtig sein Gemüt.

Falsch, gefährlich und gemein
Ist sein Handeln allzu oft.
Er wird auch dann heimtückisch sein,
Wenn man auf guten Ausgang hofft.

Wenn ein Mensch nach Hilfe schreit,
Die jedoch bleibt unbeachtet,
Dann ist das Herzlosigkeit,
Die man zuweilen oft betrachtet.

Herzlos bleibt ein Mensch solange,
Wie in Ketten bleibt gebunden
Sein Herz in einem festen Range
An das Böse, dass ihn gefunden.

# Haltlosigkeit

Wenn die Bremsen jäh versagen,
Schlägt's dem Menschen auf den Magen,
Und er wird vor Schreck ganz blass.
Da er nun seinen Halt verloren,
Denkt er vielleicht: Ich war geboren
Und beiße nun so jung ins Grass.

Und wenn er fällt ohne Gewalt,
Dann verlor der Mensch den Halt,
Den er braucht zum Aufrechtgehen.
Vielleicht stieß er an einen Stein,
Verletzte sich dabei das Bein
Und kann dann einfach nicht mehr gehen.

Haltlosigkeit hat ihn befallen,
Auch wenn er sichtbar nicht gefallen,
Die Beherrschung hat verloren.
Unfähig, sich dann zu bedenken,
Wird das Umfeld ihn dann lenken,
Nicht nach eigener Kraft zu bohren.

Zum falschen Handeln leicht verführbar,
Das wird ihm erst später spürbar,
Wenn er die Folgen hat betrachtet.
Doch auch dann macht er's Verkehrte,
Da verloren er die Werte,
Die allgemein sind doch geachtet.

So wär ein fester Glaube Halt,
Der über manchen tiefen Spalt
Ihm eine gute Brücke wär.
Doch alles das, was er nicht sieht,
Sich seinem Glauben schnell entzieht,
So gibt ihm der auch nicht Gewähr.

Und Menschen, die man haltlos findet,
Die als Herrscher sind verkündet,
Bestreiten eine solche Sicht.
Denn sie finden ihren Halt
Im Machtanspruch nur durch Gewalt,
Die so manchen Halt zerbricht.

Haltlosigkeit in unseren Tagen
Führt zu vielen neuen Fragen
Nach der Zukunft, der Moderne.
Geboten ist, sich zu besinnen,
Womit den Halt wir auch gewinnen
Für Zeiten, die noch sind in Ferne.

# Ungehorsam

Ungehorsam verhalten haben
Menschen schon als Mädchen, Knaben
Sich ihren Eltern gegenüber,
Und das passiert halt immer wieder.

Doch um Erziehung geht es hier nicht,
Wenn man vom Ungehorsam spricht,
Der im menschlichen Verhalten
Zu Tage kommt bei seinem Walten.

Die Betrachtung erfolgt hier ganz dual
Als Weg des Fortschritts und der Qual,
Denn sich Autoritäten zu widersetzen,
Kann korrigieren und verletzen.

Wenn die Ideologie wird Autorität,
Wie es in ihren Geboten steht,
Hat jeder sich folgsam anzupassen
Bezüglich der Rassen und auch Klassen.

So hat die Geschichte uns gezeigt,
Wer sich verweigert oder streikt,
In einer Herrschaft, die diktiert,
Der wird dem Gerichte vorgeführt.

Des Ungehorsams zweite Seite
Gilt dem Bündnis, das zum Streite
Der Zivilen sich politisch finden soll,
Wenn in Gefahr des Volkes Wohl.

Es würde diesen Krieg nicht geben,
Würde im Ungehorsam das Volk mal leben,
Das heißt, im Widerstand sich üben,
So hätten wir gewiss auch Frieden.

# Menschen

Die Kriege machten, Menschen waren,
Genauso empfindend wie du und ich;
Und immer, wenn der Friede wich,
Begann das Sterben ganzer Scharen.

Ein größeres Reich war stets der Traum,
Den starke Männer postulierten;
Doch die, die Kämpfe dann vollführten,
Initiatoren waren sicher kaum.

Wer oder was ist Schuld daran,
Dass Kriege kommen stets aufs Neue?
Man sucht nach dem Krieg, sogar mit Reue,
Immer nach dem schuldigen Mann.

Doch, wir alle sind es, die schuldig sind
Am permanenten Kriegsgewimmel.
Wir schaffen es nicht, dass hier der Himmel
Erfahrbar wird für Mann und Kind.

So magst du lange drüber sinnen,
Was zuvor du hast gelesen.
Du bist doch nicht dabei gewesen!
Kannst du für dich was abgewinnen?

Was gewesen, ist gewesen!
Heute musst du neu beginnen!
Soll dein Dasein Raum gewinnen,
Musst du verstehen, es neu zu lesen!

# Kurz gesagt

*Schwerter zu Pflugscharen*, ein uralter Traum der Menschen, den der Prophet Micha verkündete. Wie schwer es ist, diesen Traum zur Realität werden zu lassen, kann nur der begreifen, der sich in der Schmiedekunst auskennt oder intensiv die entsprechenden Skulpturen betrachtet.

Es war und bleibt ein ständiger und anstrengender Prozess, der jedem von uns viel Kraft, Ausdauer und guten Willen abverlangt, damit die Zeiten des Friedens länger anhalten als die Zeiten des Krieges.

*Herbert Sander \*1938, Nordhausen*

Der Friede
in jedem Menschen
ist die unabdingbare
Voraussetzung
für den Frieden
in der Welt.

# Frieden

Auch hier ergeben sich wieder die Fragen:

1. Ist das eine Utopie?

2. Wer ist in der Lage, auch nur eine Epoche zu benennen, in welcher der Mensch ohne kriegerische Auseinandersetzung auskam?

Die Geschichte zeigt uns, dass Frieden ein oft sehr flüchtiger Zustand ist. Trotz aller jemals gehegten guten Absichten und Unternehmungen ist es nie gelungen, ihn als Dauerzustand zu erfahren. Warum das so ist, liegt in der Eigenschaft und dem daraus entspringenden Denken und Handel jedes Einzelnen begründet. Damit sind auch die Gegebenheiten für das soziale Zusammenleben in der menschlichen Gesellschaft grundgelegt. Die Konsequenzen von Konflikten und deren Beilegung im privaten, im unmittelbaren aber auch größeren gesellschaftlichen Rahmen sowie auf Völkerebene sind, entsprechend der Dimensionen, mehr oder weniger beherrschbar. So findet der Einzelne schneller seinen Frieden, als das in der Gesellschaft und darüber hinaus möglich ist.

# Mildtätigkeit

Im Gegensatz zum Habenwollen
Ist Mildtätigkeit hier nun angefragt.
Wenn das Bewusstsein jetzt nun tagt,
Entschwindet jegliches arge Grollen.

Milde, das ist die Herzensgüte,
Die dem Menschen innewohnt,
Und die nicht fragt, ob es sich lohnt,
Worum er sich so sehr bemühte.

Denn Eigennutz steht nicht Blick,
Bei dieser Tat des gerne Gebens.
Vielmehr ist diese nicht vergebens,
Da sie bewirkt des Anderen Glück.

Mildtätigkeit, ein Normativ,
Das Religionen postulieren.
Im Denken soll es sich integrieren,
Wenn Not dazu nach Hilfe rief.

Die Not, sie kann vielfältig sein,
Nicht immer ist sie auch zu sehen.
Einen anderen denn auch zu verstehen,
Kann durchaus mildtätig sein.

# Zufriedenheit

Nicht jedem ist das Glück beschieden,
Das ihm aus seinem Herzen quillt,
Und allen Neid ihm hat vermieden,
Da es mit reicher Lieb gefüllt,
Und so ersparte manches Leid,
Sich selbst, dem Nächsten, dem Fremden auch.
Dieses Glück ist die Zufriedenheit,
Und kein Gefühl, nur aus dem Bauch.

Einem solchen Glück wird man vertraut,
Wenn man dem anderen all das gönnt,
Was man nicht selber hat gebaut,
Worin man selber sich nicht sönnt,
Und die Verdienste ungeachtet
Nicht bemisst nach eigenem Maße,
Die das Mehr des Anderen brachte,
Selbst wenn sich rümpft mal deine Nase.

Nehmt einen, dem es an Gesundheit mangelt,
Der aber Griesgram niemals spielt,
Der frohgemut am Leben hanget,
Und trotz der Krankheit ist vergnügt.
Nehmt den, der einer Kirchenmaus
An Besitz ist unterlegen,
Er lacht im Stillen Reiche aus,
Da Herzensreichtum für ihn Segen.

Zufriedenheit die herrscht im Volke,
Wenn Freiheit gilt für Bürger alle,
Wenn kein Bedarf auf die Revolte,
Die für den Staat gedacht zum Falle,
Weil dieser selbstherrlich regiert,
Und nur auf seine Macht bedacht,
Sein Volk gezielt in Kriege führt,
Über dessen Zufriedenheit doch nur lacht.

# Vergebung

Nicht jedem Mensch ist es gegeben,
Einem Schuldigen auch zu vergeben.
Jedoch Vergebung zu erhalten,
Für das eigene Fehlverhalten,
Das ist fürwahr zu jeder Zeit
Ein Glücksgefühl, ja, Seligkeit.

Hast du jemandem weh getan,
So ficht bestimmt die Scham dich an.
Wie leid es dir auch immer tut,
Dein Gewissen doch nicht mehr ruht.
Es bohrt und raubt dir allen Frieden:
Ach, hätt die Tat ich doch vermieden.

Und plötzlich, da geschieht ein Wunder,
Da wird gelöscht der Seele Zunder.
Das Opfer kam selbst zu dir hin
Und brachte zum Ausdruck seinen Sinn:
Hier meine Hand, ich bin bereit,
Dir zu vergeben, trotz allem Leid.

Die Vergebung macht uns klar:
Nichts wird mehr sein, wie es mal war.
Denn Vergebung löst den Strick,
Der gefangen hielt uns im Unglück.
Sie wird dem Menschen dann auch Stärke
Zu manchem neuen guten Werke.

Die Konsequenzen unseres Handelns,
In der Zeit unseres Erdenwandelns,
Wir sollen vor der Tat betrachten
Und dabei immer auch beachten,
Dass Rache keinen Frieden bringt,
Aber Leben mit Vergebung gut gelingt.

# Großmut

Edel sei der Mensch, hilfreich und gut,
So schrieb einst Goethe, der große Dichter,
Und wenn er das ist, so hat er Mut,
Braucht nicht ein Urteil erst vom Richter.

Er kann vergeben, er kann verzeihen,
Er trägt die Kräfte in seinem Herzen,
Die ihm den großen Mut verleihen,
Zu heilen Kummer, Leid und Schmerzen.

Wer seine Großmut walten lässt,
Der wird von allen hochgeachtet,
Er hält gewollt an Werten fest,
Die man als Tugend auch betrachtet.

Es zeigt sich edel sein Charakter,
Wenn Neid und Missgunst um sich greifen,
Sein Handeln, das wirkt stets kompakter
Und lässt Entscheidung auch noch reifen.

Glücklich ist das Land zu nennen,
Dem ein Herrscher ist gegeben,
Den könnte man gar König nennen,
Wenn ihm all dieses ist gegeben.

# Bescheidenheit

Dem rigorosen Machtbedürfnis,
Das immer mündet im Zerwürfnis,
Ist die Bescheidenheit ein Kontrapunkt.
Doch ist Bescheidenheit nur Zier,
Und kommt man weiter ohne ihr,
Dass sei der Gedanken nun Adjunkt.

Up to date, das ist sie oft nicht,
Wenn man heute von ihr spricht,
Weil sie nicht ins Bild recht passt.
Welcher gilt heute als bescheiden,
Den muss man wahrlich auch beneiden,
Weil er den Anschluss hat verpasst?

Doch ist des Menschen Wesensart
Mit Genügsamkeit und Einfachheit gepaart,
So wird daraus ein Quell entspringen.
Dieser spendet der Gemeinschaft Leben
Und leitet so auch unser Streben,
Dass Zukunft sicher kann gelingen.

Bescheidenheit hat keinen Preis,
So der Mensch zu schätzen weiß,
Was er hat und braucht zu Leben.
Er trachtet nicht nach Lebensfülle
uneingeschränkt und ohne Hülle,
Ist dankbar, was ihm ist gegeben.

Er nimmt sich selber nicht zu wichtig,
Hält den Anderen nicht für nichtig,
Respektiert was Leben ist.
Er weiß, wenn er unbescheiden sich verhält,
Der Mensch bereitet unsere Welt
Zum Untergang in einer Frist.

Bescheidenheit in unseren Tagen
Würde lösen manche Fragen
Nach der Existenz der Welt.
Doch des Menschen Gier nach Mehr
Bietet dazu nicht Gewähr,
Dass diese Welt noch lange hält.

# Gemeinschaft

Gemeinschaft, dieses weite Feld,
Soll eingeschränkt hier Thema sein.
Doch jeder mache sich seinen Reim,
Was von Gemeinschaft er noch hält.

Es ist der Weg vom Ich zum Wir,
Auf dem der Mensch zum Leben wandelt.
Wenn er nach diesem Motto handelt,
Gelingt sein Leben jetzt und hier.

Ein Egoist, der braucht Gemeinschaft nicht,
Er ist für sie nicht angelegt.
Was sich in seinem Busen regt,
Das kommt gar selten auch ans Licht.

Doch du und ich, wir sind da offen,
Haben der Gemeinschaft Sinn erkannt.
Wir streben gemeinsam unverwandt,
Weil wir auf gelingendes Leben hoffen.

Hast du bemerkt und auch gedacht,
Dass wir so den richtigen Weg beschritten?
Uns beiden ist es nicht entglitten,
Dass wir vom Ich zum Du uns aufgemacht.

Wenn wir behalten dies unser Streben,
Dann bleiben wir nicht lang allein.
Es werden alle glücklich sein,
Wenn wir in Frieden können leben.

Gemeinschaft, ja, die gibt uns Kraft,
Die Kriege auch zu überwinden.
Wenn wir den eigenen Frieden finden,
Dann wird der große auch geschafft.

# Dienen

Wer möchte nicht gern Honig haben,
Der kommt aus vieler Bienen Waben,
Um köstlich sich daran zu laben
An der Bienen edlen Gaben.

Doch der Honig von den Bienen
Kommt zustande nur durch Dienen,
Damit der Fortbestand von ihnen
Nicht gerät auf letzte Schienen.

So bedenke in der Frist,
Wie das bei uns Menschen ist,
Woran man Dienen heut bemisst,
Warum man Dienen so vergisst.

Dienen, das ist doch vermessen,
Das tun nur die, die nichts besessen,
Die man getrost auch darf vergessen,
Da ihr Besitz als klein bemessen.

Wer dient, der kann doch nicht teilhaben
An dem, woran sich Herrscher laben,
Der ist nur da, um dann zu traben,
Wenn die Obrichkeit will haben.

Doch wenn man Dienen so besieht,
Dann ist der Mensch nicht sehr bemüht,
Dass er darin auch den Menschen sieht,
Der Mensch ist, und der nicht nur dient.

Dienen tun wir letztlich alle,
Aber es gibt Ausnahmen, in jedem Falle,
Die wir doch kennen sicher alle:
Die Herren aus dem Diktator-Stalle.

Doch soll die Welt im Frieden leben,
Darf es keine Herrscher geben,
Die der Menschen freies Streben
Nicht den nötigen Freiraum geben.

Herrscher, die ihren Völkern dienen,
Legen niemals Schlingen oder Minen,
Sondern sie trachten stets mit ihnen
Nach Freiheit, Recht und sicherem Frieden.

# Verzicht

Zwei Dimensionen hat dieses Wort,
Das weiß ein jeder doch sofort.
Verzicht bringt allermeist Verdruss,
Wenn der Mensch verzichten muss.
Doch wenn Verzicht ihm steht im Sinn,
Dann ist Verzicht auch ein Gewinn.

Verzicht auf Freiheit, auf Demokratie
Bringt Wohlfahrt für ein Volk doch nie.
Seine Zukunft, die wird ehr verderben
Bis in das letzte Glied der Erben.
Für alle, die in dem Verzichte müssen leben,
Wird es auch keinen Frieden geben.

Wie die Historiker uns berichten,
Lernt der Mensch nicht, zu verzichten.
Die lange Kette von roher Gewalt
Ist ebenso wie die Menschheit alt.
Wie seinerzeit in Raubrittertagen,
Wollen Waffen heut noch viele tragen.

Könnten auf Waffen wir doch verzichten,
Ihre vielen Arsenale auch vernichten,
So wäre ein jedes Kriegsgelüste
Für ewig verbannt in ferne Wüste,
Und jeder, der auf Erden wohnt,
Blieb alle Zeit vom Krieg verschont.

Kriege werden auch vermieden,
Wenn den Verzicht gewollt wir üben.
Wer hat darüber nachgedacht,
Was Anspruchsdenken mit uns macht?
So könnten viele Menschen überleben,
Wenn wir von unserem Reichtum geben.

Leben und auch leben lassen
Ist keine Werbung für das Prassen,
Wohl aber ein Ruf zum Innehalten
Im globalen Menschheitswalten.
Wenn wir nicht lernen zu verzichten,
Werden wir uns selbst vernichten.

# Solidarität

Hat dich das Denken jäh erfasst,
Nachdem du hier gelesen hast,
Dass Egoist du doch nicht bist,
So bedenke, was die Folge ist:
Wenn jeder Wert gleich gültig ist,
So gib dem Denken eine Frist
Und setz für Wert mal Mensch hier ein.
Betrachte dies nun allgemein.

Der Mensch, das ist kein Einzelwesen,
das weißt du, hast du auch gelesen;
Er kann nur in Gemeinschaft leben,
Sonst würde es ihn gar nicht geben.
Diese Gemeinschaft aber kann nur leben,
Wenn jeder tut das Seine geben,
Was er von dieser auch empfängt.
O, das ein jeder doch so denkt!

Wie nennt man es, hör ich dich fragen,
Dieses gegenseitige Tun an allen Tagen,
Das zur Verantwortung uns verpflicht',
Wenn Opfer not, wo Hilf gebricht,
Gleich, wem und wo es gilt zu geben,
Was so erforderlich zum Leben?
Hör, und sei dazu bereit:
Man nennt es Solidarität-Zusammengehörigkeit.

Somit ergibt sich ein Gesetz,
Das Menschenwürde nicht verletzt,
Vielmehr, den Anspruch, den du hegst,
auch auf den anderen überträgst:
Wie du willst, dass man dir tut,
Was für dein Leben dringend not,
Das sollst dem Anderen tun du auch
Für sein Leben, seinen Kopf und Bauch.

# Liebe

Die Liebe, dieses Zauberwort,
Das ist so alt, wie die Menschheit ist.
Es wird benutzt zu jeder Frist
Und überall, an jedem Ort.

In allen Sprachen dieser Welt
Wird es beschrieben und besungen.
Auch wenn es tief ins Herz gedrungen,
Bleibt doch auch Hass ihm beigesellt.

Liebe nur kann Frieden stiften,
Da sie Hände reichen lehrt.
Liebe allen Kriegen wehrt,
Wenn sich die Menschen nach ihr richten.

Nur Autokraten und Egoisten
Sind punkto Liebe eingeschränkt.
Die Liebe, die solche Menschen lenkt,
Zeugt letztlich Krieg in langen Listen.

Drum gebt der Liebe weiten Raum,
Erstarkt in ihr in aller Stille.
Wenn dann gereinigt euer Wille,
Dann bleibt der Friede nicht mehr Traum.

# Gewaltlosigkeit

Gewaltlosigkeit, die kann es nicht geben,
Da ohne Gewalten kein Kosmos entstanden,
Und somit ganz sicher auch nicht das Leben.
Nun aber, da die Erde entstanden
Und das Leben, dass sich darauf so vielfach entfaltet,
Bleibt schließlich Gewalt auch ständig vorhanden.
Was aber der Mensch mit Gewalt hier gestaltet,
Hat Mensch und Natur oft sehr hart geschunden,
Da er nicht versteht, dass er gewaltlos auch waltet.
So ist unser Denken denn noch immer gebunden,
Mit Gewalt einen Weg in die Zukunft zu bauen,
Selbst wenn wir uns gegenseitig verwunden.
Wenn wir heute erneut auf Krieg müssen schauen,
Der Europa und die Welt hält wieder im Bann,
So schwindet der letzte Rest vom Urvertrauen.
Die Protagonisten der Macht, schaut sie euch an,
Die können gewaltlos einfach nicht handeln,
Weil ihre Gier ihre Taten ersann.
Daher muss der Mensch im Denken sich wandeln,
Soll Friede Raum doch wieder gewinnen,
Gewaltlosigkeit üben in seinem Trachten und Handeln.

# Wahrheit

Wer einmal lügt, dem glaubt man nicht,
Selbst wenn er dann die Wahrheit spricht.
Dieser Spruch, der hat Bestand,
Denn der menschliche Verstand,
Der ausgerichtet für das Leben,
Soll stets der Wahrheit Zeugnis geben.

Doch die Wahrheit stets zu sagen,
Fällt oft schwer an manchen Tagen.
Sei es um eines Vorteils wegen,
Die Wahrheit nicht voll aufzulegen,
Oder, dass man sie verschweigt,
Wenn Angst und Not sich dadurch zeigt.

Oft, in dem großen Weltgetriebe,
Herrscht statt Wahrheit nur die Lüge
Brutal, gewaltig, ungestillt,
Bis dass sie dann als Wahrheit gilt,
Und allen, die dann daran glauben,
Das eigene gute Gewissen rauben.

Wenn die Wahrheit nicht verkündet,
Das Vertrauen schnell entschwindet.
Sowohl privat als auch im Staat
Geht dann auf die üble Saat,
Die den geraden Weg verdeckt
Und Demokraten jäh erschreckt.

Trotz allem soll man mutig streben
Und der Wahrheit Zeugnis geben.
Solch ein Verhalten bringt am Ende
Bestimmt auch eine Zeitenwende,
Um Autokraten zu entmachten,
Wonach so viele Menschen trachten.

Ja, die Wahrheit sagen kostet Mut,
Oft auch Kerkerhaft und sogar Blut.
Wenn dies geschieht in einem Lande,
Dann knüpft vertrauensvolle Bande,
Um Knechtschaft und Krieg zu überwinden,
Dass Menschen wieder Frieden finden.

# Treue

Gleich einer Skala ist die Treue,
Die auch als Tugend wird genannt,
Für das Klima im Zusammenleben.
Man liest sie ab, jeden Tag aufs Neue,
Und prüft, da sie doch ist Garant,
Den festen Halt uns auch zu geben.

Verlässlich, sicher und mit Vertrauen
Soll die Beziehung sich gestalten,
Um gemeinsam Leben dann zu wagen.
Wollen wir auf gute Zukunft bauen,
Müssen wir fest uns daran halten,
Auch an dunklen, schweren Tagen.

Wer Treue hält, dem kann man glauben,
Der steht auch in den Stürmen fest,
Selbst wenn da lockt das große Geld.
Dem kann man Hoffnung niemals rauben,
Wenn er auf sein Herz sich ganz verlässt,
Zum Trotze unserer eitlen Welt.

Was gilt noch Treue heutzutage,
Danach zu fragen ist doch out,
Vielleicht ist sie für Christen wichtig?
Totale Freiheit löst die Frage,
Weil man an keine Tugend glaubt,
In Zukunft da ist sie doch nichtig?

Doch Sehnsucht nach Treue, ja, die bleibt,
Auch wenn sie gebrochen ungezählt,
In jedem Menschen tief im Herzen.
Gleich, was man über sie auch schreibt,
Wir bleiben immer ihr vermählt,
Trotz aller Wunden, Tod und Schmerzen.

# Sanftmut

Man könnte ein Buch darüber schreiben
Oder auch tausend Verse reimen,
Was das Wort Sanftmut bedeutet,
Wie es des Menschen Tun begleitet.

Eines, das sieht man sofort,
Zwei Silben hat doch dieses Wort.
Die erste, sanft, klingt einfach gut,
Die zweite aber spricht von Mut.

Sanft und Mut, ein Gegensatz?
Wie findet Sanftmut ihren Platz?
Kann man denn sanft und mutig sein?
Die Antwort darauf ist kein Nein!

So braucht es Mut, Kränkung zu ertragen,
Soll nicht der Zorn das Sagen haben,
Und gar beleidigt noch zu sein,
Der Sanftmut bändigt solche Pein.

Mit Demut ist sie eng verbandelt,
Denn der, der so sanftmütig handelt,
Der nimmt sich keinesfalls zu wichtig,
Und dennoch handelt er ganz richtig.

Es gab schon Herrscher, die bekannt,
Als Sanftmütige werden noch genannt,
Weil sie mit friedvollem Geschick
Sorgten für des Landes Glück.

Mit Güte, Langmut, Seelenstärke
Gingen allermeist sie so zu Werke,
Dass ihre Sanftmut sie verströmten,
Bis Feinde sich sogar versöhnten.

Wie schön wär's doch auf dieser Erden,
Wenn sanftmütig heut die Herrscher wären,
Dann blieb die Welt verschont von Kriegen
Und endlich, endlich wäre Frieden.

# Ehrfurcht

Ehrfurcht, dieses sprachlich hohe Wort
Löst doch Gedanken aus sofort,
Die zunächst die Frage stellen:
Welche Furcht uns hier begegnet,
Die mit Ehre ist gesegnet?
Ist dies nicht ein Widersinn,
Welche Lösung bringt Gewinn?
In des Wortes Doppelquellen
Findet sich, so die Belehrung,
Das höchste Maß denn der Verehrung.

Erhabenheit, Respekt und Würde,
Die niemals gelten gar als Bürde,
Sind durch das ganze Sein begründet.
Dies stellt sich dem Betrachter dar
Als hoch erhaben, unantastbar,
Löst aus, zum Teil von langer Dauer,
Voll Dankbarkeit gar manchen Schauer.
Dies und mehr, was hier verkündet,
Sucht der Mensch auch zu erreichen,
Doch oft gelingt ihm nicht dergleichen.

Nur einen gibt es, dem das gilt,
In vollem Umfang, ungestillt,
Er ist der Ursprung allen Seins.
Gebote hat er uns gegeben
Als Hilfe für erfülltes Leben,
Worauf wir sollen ständig achten,
Um alles Böse zu entmachten.
Ehrfurcht, die erfordert eins:
Gib jedem Menschen seine Würde!
Das ist der Kriege größte Hürde.

# Achtung

Mitunter braucht es auch Bedenken,
Bevor ein Urteil ist gefallen,
Dem Menschen Achtung auch zu schenken,
Aus Respekt und Wert vor allem.

Achtung, die fällt dann nicht schwer,
Wenn eine Leistung gut gelungen,
Doch man versagt sie umso mehr,
Wenn Fehler an das Licht gedrungen.

Gleiches gilt für das Verhalten,
Das jeder Mensch nun einmal zeigt,
Und dieses steuert unser Walten,
Das folglich zur Missachtung neigt.

Was da missfällt, ist eine Hürde,
Ist wie ein dichter Nebel oft,
Sodass dann selbst die Menschenwürde
Nicht auf Anerkennung hofft.

Es gibt der Menschen nur ein paar,
Die solche Hürden überschreiten,
Wie es Pfarrer Uwe Holmer war,
Der ließ vom Glauben sich da leiten.

Nicht jeder Mensch hat solche Kraft,
Despoten in sein Haus zu lassen;
Achtung der Menschenwürde schafft,
Was allgemein nicht ist zu fassen.

Solch hohe Gipfel zu erklimmen,
Das muss der Mensch nicht unbedingt,
Doch kann er Achtung sehr gewinnen,
Wenn er auf Menschenrechte sinnt.

Vor allem Herrscher sind gehalten,
Dergleichen Rechte stets zu achten,
Jedoch despotisch nicht zu walten,
Dann müsste man sie nicht entmachten.

# Versöhnung

Wenn einmal schwindet jäh das Glück,
Weil Mars, der Kriegsgott, ist erwacht,
So sollen wir, mit viel Bedacht,
Beenden wieder den Konflikt.

Konflikte sind nicht zu vermeiden,
Sie machen uns das Leben schwer,
Vergällen den Alltag mehr und mehr,
Bis wir uns können nicht mehr leiden.

Ein Streit, der plötzlich aufgeflammt,
Der hat den Frieden jäh zerstört,
Uns im Verlauf dann so empört,
Dass alle Vernunft sogar gebannt.

Die Seele ächzt, die Seele schreit,
Vor Gram gerät das Herz ins Beben,
Fragt, wo wird's eine Lösung geben,
Um zu beenden diesen Streit?!

Die Lösung heißt: Versöhne dich,
Und reich dem andern deine Hand,
Erinnere dich, was euch verband,
Und ziehe damit einen Strich.

Versöhnung nur kann Frieden schaffen,
Wenn sie mit Herz, und nicht mit Geld,
Geübt wird in der ganzen Welt,
Dann braucht es künftig keine Waffen.

Die Welt, sie käme ins Gleichgewicht,
Wenn Herrscher würden sich versöhnen,
Und Völker brauchten nicht mehr stöhnen,
Weil es an Freiheit nicht gebricht.

# Verständnis

Einsicht und Verständnis haben,
Das sind sehr wohl besondere Gaben,
Die einem Menschenkind zu eigen;
Was diese dann, vor allen Dingen,
An Wirkung somit auch vollbringen,
Wird sich im Leben dann auch zeigen.

Oftmals fehlt es an Erkenntnis,
Um zu gelangen zum Verständnis,
Wie Art und Weise sind begründet;
Empathie ist sehr gefragt,
Wenn ein Zweifel etwa nagt,
Der durch Unkenntnis entzündet.

Das Verständnis wird sehr reifen
Durch Durchschauen und Begreifen
Und zu einem Standpunkt führen,
Der der Wahrheit auch entspricht,
Sodass der Anlass rückt ins Licht
Und lässt auch Mitgefühl dann spüren.

Verständnis jedoch bleibt blockiert,
Wenn an Rechten wird gerührt,
Die den Mensch zum Menschen machen.
So darf man heut, vor allen Dingen,
Menschen nicht zum Töten zwingen,
Wie das noch viele Herrscher machen.

Wenn diese doch Verständnis hätten,
Dann könnten wir doch sicher wetten,
Dass der Drang nach Krieg vergeht.
Wir könnten endlich darauf hoffen,
Dass die Welt für alle offen
Und jeder hat, was ihm zusteht.

# Geduld

Ach hätt ich doch, ach wär ich doch,
So hört man Menschen sagen,
Wenn Selbstvorwürfe noch und noch
In seinem Innern nagen.

Es hat ihm die Geduld gefehlt,
Die Fähigkeit zu warten,
Die Ungeduld hat ihn gequält,
Er musste einfach starten.

Dann sah er ein, er war zu schnelle,
Sein Ziel auch zu erreichen,
Nun tritt er leider auf der Stelle
Und kann dem nicht ausweichen.

Er hat Geduld erkannt als Stärke,
Will ohne Stress in Überfülle
Das nächste Mal dann geh'n zu Werke,
Damit sein Wunsch sich auch erfülle.

Geduld heißt auch, du musst ertragen,
Was einfach nicht zu ändern ist,
Auch wenn dich quälen viele Fragen,
Bleib, was du bist, ein Optimist.

Sehnsüchte und Wünsche zu erfüllen,
Gelingt mitunter nur im Traum,
Doch lass sie leben, auch im Stillen,
Dann wächst Erfüllung dir zum Baum.

Für ein Volk steht Langmut zur Debatte,
Wenn knechtet der Despot und raubt
Die letzte Freiheit, die es hatte,
Weil es zu sehr ihm hat geglaubt.

Geduld zu wahren in diesem Falle,
Das wäre kontraproduktiv
Im Kampf um Freiheit, denn für alle
Ist Demokratie nun mal Motiv.

# Würde

Im Grundgesetz, da steht es klar:
Die Würde des Menschen ist unantastbar.

Das Gebot, es gilt für alle
Uneingeschränkt, in jedem Falle,
Auf dem ganzen Erdenballe.

Die Bibel hebt es uns ins Bild:
Der Mensch ist Gottes Ebenbild,
Ihm demzufolge Achtung gilt,
Nur ist der Mensch dem nicht gewillt.

Denn, wenn man unsere Welt betrachtet,
Wird das Gesetz oft nicht beachtet,
Weil der Mensch wird ganz verachtet
Und als Objekt nur wird betrachtet,
Wenn man gewaltsam ihn verfrachtet.

Doch die Würde nimmt Entfaltung
Und erzeugt die hohe Haltung,
Wenn gelungen die Gestaltung
Bei der Güter treu Verwaltung
Und der Werte Beibehaltung,
Sie dient damit auch der Erhaltung.

Amt und Würde sind verbunden,
Wenn eine Haltung ist gefunden,
Die an Werte ist gebunden,
Und noch niemals hat geschunden
Einen armen Tropf als Kunden,
Auch nicht berechnet ihm die Stunden.

Majestät möcht man ihn gerne nennen,
Und man möchte ihn auch kennen,
Bei Sorgen sodann zu ihm rennen
Und an seinem Herzen pennen,
Um hinfort nicht mehr zu flennen.

Und ist er endlich an der Reihe,
Atmet mit Andacht diese Weihe,
Dann ist der arme Tropf nicht Laie,
Doch im Bunde dann der Dreie.

Würdig ist der Mensch zu loben,
Der in Demut schaut nach oben,
Wenn Hass und Zwietracht um ihn toben.

Wenn Achtung, Ehr und Würde weichen,
Dann geht der Mensch auch über Leichen.

# Verantwortung

Nicht lebt der Mensch für sich allein,
Er ist auf Gesellschaft angewiesen,
Muss darin sich auch integrieren.
Bringt er aktiv sich dann auch ein,
Was seine Fähigkeit ihm zugewiesen,
Dann kann er dienen und auch führen.

Eine solche Sicht gilt allgemein,
Sowohl im Großen wie auch im Kleinen,
Das ist räumlich niemals eingeschränkt.
Und weil der Mensch will glücklich sein,
Dann darf er nicht nur immer meinen,
Dann muss er handeln, wie er denkt.

Moral und Pflichtgefühl, das zeigt,
Wo immer Entscheidung ist gefragt,
Verantwortung denn auch zu tragen.
Und da, wo sie zum Scheitern neigt,
Ist sie mit ganzer Kraft gefragt,
Schuld und Scham auch zu ertragen.

Wir leben heut in einer Zeit,
Die durchgeschüttelt wird von Krisen,
Die verschonen weder Mensch noch Staat.
Was da am Ende übrig bleibt,
Wird das die Laune uns vermiesen,
Wenn wir betrachten unsere Saat?

Verantwortung, die ist jetzt gefragt,
Nicht nur von Staaten, sondern Jedem,
Wie etwa oben ward beschrieben.
Wir alle merken, es wird hart,
Wir müssen anders leben,
Wir haben zu lange übertrieben.

Aus Verantwortung lasst uns handeln,
Lasst Angst versperren nicht die Sicht
Ob aller Kriegs-und Krisen-Sorgen.
Auf Zukunft unser Denken wandeln,
Fasst Mut zum Wagnis, zum Verzicht,
Vererbt doch Erde an die von Morgen.

# Barmherzigkeit

Nicht jedem ist das Glück beschieden,
Gut zu leben und im Frieden.
Dass Not und Unglück immer war,
Das ist doch allen offenbar.

Durst und Hunger und auch Blöße,
Krankheiten, Tod, dazu Verstöße,
Die muss, seit vielen tausend Jahren,
Der Mensch bis heute hart erfahren.

Erdrückend oft ist solche Not,
Dass der Mensch laut schreit nach Gott,
Er möge doch dieses Elend enden
Und seine Hilfe spürbar senden.

Dazu ist Gott auch gern bereit,
Er schenkt dem Mensch Barmherzigkeit,
Dass er Barmherzigkeit auch übe,
Jedem Bedürftigen, ganz aus Liebe.

Ist solch Gedanke heut uns fern,
Da wir nun leben so modern?
Haben wir allein die große Kraft,
Die alles Elend aus der Welt nun schafft?

Gleich, was du glaubst, bleib immer offen
Für alle, die auf Hilfe hoffen
An jedem neuen Tag, geduldig.
Wer ist an dieser Not nur schuldig?

Frage dich in deiner Herzenskammer
Im Angesicht des großen Jammer:
Hab ich Gut und Glück und meinen Frieden
Mir ausnahmslos allein beschieden?

# Wertebindung

Was zum Menschen auch gehört:
Er schafft sich gerne einen Wert,
Der nur alleine ihm gehört,
Und wenn ihm jemand diesen stört,
Ist er deswegen auch empört.

Werte haben und bewahren,
Das taten schon die Urvorfahren,
Da sie sich längst bereits sicher waren:
Werte kann man sich ersparen
Oder auch im Tun erfahren.

So haben sie herausgefunden:
Wenn man an Werte sich gebunden,
Die man nicht hat am Weg gefunden,
Sondern in vertrauten Runden,
Kann die Gesellschaft gar gesunden.

Achte die Regel, die da spricht:
Geschenke sind die Werte nicht,
Denn Treue ist die erste Pflicht
Und Liebe, wenn es mal gebricht
An Harmonie, die ist das Licht.

Und Würde muss vor allen Dingen
Des Menschen Recht zur Geltung bringen,
Soll Recht und Freiheit auch gelingen,
Muss Wahrheit klar zum Lichte dringen,
Gehört auch Toleranz zum Ringen.

Die Wertebindung, wohl gemerkt,
Staat und Demokratie noch immer stärkt,
Darum sei hier noch angemerkt,
Dass jeder lenke sein Augenmerk
Auf seinen Geist zum guten Werk.

Dann bleibt die Bindung unversehrt
Die nur in Freiheit wird gewährt,
Dem, der nach Wohlfahrt je begehrt,
So wird er auch samt Staat geehrt,
Erfährt sein Leben einen Wert.

# Gehorsam

Gehorsam, das ist jedem klar,
Der wird verlangt von Kindesbeinen.
Doch wer von uns wird heute meinen,
Dass es noch so ist wie's früher war?

Drum lenken wir das Augenmerk
Auf den Kern, das tut hier not:
Ohne Regeln und Gebot
Gelingt dem Menschen nicht sein Werk!

Auch, da er mit Anderen teilt sein Leben
Und sein Verhalten muss anpassen
Zum Wohle seiner nächsten Sassen,
Sind Gebote ihm gegeben.

Es liegt somit klar auf der Hand,
Gehorsam ist in solchem Falle
Niemals eine Mausefalle,
Denn die Würde hat Bestand.

Dem Potentaten gehorchen blind,
Das führt zu keinem guten Ende.
Wer Geist und Mut nimmt in die Hände,
Der ist nicht länger mehr sein Rind.

# Menschen

Die Sehnsucht nach Frieden ist ungebrochen
Wohl tief in aller Menschen Herz zu finden.
Vielleicht empfindest du seit vielen Wochen,
Sie ist wie ein Hauch in alten Linden.

Kaum ist er da, im Blätterdach,
Und füllt dein Herz mit wahrer Wonne,
Doch schon entrinnt dir gar ein Ach,
Denn Nebel hat bedeckt die Sonne.

Ein jäher Sturm den Baum erfasst,
Rüttelt ihn bis in die Wurzeln tief,
Vom Blitz dein Angesicht erblasst,
Des Baumes Krone hängt nun schief.

Und schließlich fällt der schöne Baum,
Dort wo er stand, die Grube gähnt.
Du fragst dich: Ist das ein böser Traum,
Der mich soeben hat gelähmt?

Deine Seele, die ist erschüttert tief,
Nur sehr langsam wirst du still.
Was tief im Herzen in dir schlief,
Das dringt empor dir, weil es will.

Denn Menschen, so wie du, die handeln,
Die lassen sich nicht unterkriegen.
Solang sie auf der Erde wandeln
Werden sie dem Sturme doch obsiegen.

Es folgen ihrem Plan die Taten,
Nicht Stillstand unerfüllter Träume,
Sie greifen mutig denn zum Spaten
Und pflanzen wieder neue Bäume.

# Kurz gesagt

Die Sehnsucht nach Frieden bleibt ungebrochen in jedem Menschen. Trotzdem geschieht es, dass sie in seinem Handeln nicht fortwährend, nicht rechtzeitig oder überhaupt nicht spürbar wird. Christen beten daher inständig um Frieden für sich, für die Welt und sogar für die Verstorbenen, dass letztlich alle ihren Frieden bei Gott finden mögen. Damit bleibt die Hoffnung am Leben, dass der Friede für jeden Menschen erfahrbar wird.

*Bernhard Schauer *1960, Heilbad Heiligenstadt*

# Was bringen uns Krieg und Frieden?

## Krieg                    ## Frieden

### bringt

| Krieg | Frieden |
|---|---|
| Tod [87] | Leben [94] |
| Verderben [88] | Gedeihen [95] |
| Leiden [89] | Freude [96] |
| Verlust [90] | Gewinn [97] |
| Gefangenschaft [91] | Freiheit [98] |
| Vernichtung [92] | Bewahrung [99] |
| Untergang [93] | Zukunft [101] |
| . . . . . . . . . . . . . . . . . . . . .? | [105] . . . . . . . . . . . . . . . . . . . . .? |

# Warum diese Frage?

Ja, warum diese Frage nach dem Ergebnis von Krieg und Frieden? Bedarf es angesichts der Bilder, die uns den Krieg Putins gegen die Ukraine zeigen, noch eines Kommentars? Eigentlich nicht. Denn die von mir im Jahre 2011 aufgelisteten Folgen werden uns heutzutage so umfassend erschreckend klar vor Augen gebracht. Unfassbar, das ist das einzige Wort, das ich finde, und ich schüttele meinen Kopf dabei. Entsetzen erfasst mich, dass ich sehen muss, wie grausam und brutal dieser Krieg geführt wird. Und ich frage mich, wie es kommt, dass ein einziger Mensch und seine Helfershelfer dazu fähig sind. Ich finde keine Antwort darauf. Nur irgendwie dämmert mir, dass bei solchen Menschen etwas von dem, was ich versucht habe, als Quelle für seine ruchlosen Taten zu beschreiben, existent sein muss. Aber eine letzte, klare Erkenntnis bleibt mir versagt. Trotz dieser unbefriedigenden Antwort möchte ich meine Suche nach weiteren Erklärungen fortsetzen, auch im Bewusstsein, dass das Ergebnis mir nichts Neues bescheren wird. Mein Glaube an den guten Menschen bleibt auch künftig mit einer Menge an Zweifeln behaftet. Aber ich habe auch allen Grund, daran zu glauben, dass es immer wieder Menschen gibt, die dafür leben, dass das Gute ebenso mächtig wird.

Suche den Frieden und jage ihm nach *(PS 34,15)*. Diese Aufforderung aus der Bibel bleibt immer aktuell. Sie gilt jedem von uns, gleich wer oder was er ist. Allerdings ist diese Suche kein Vergnügen, sondern sie erfordert unseren ganzen Einsatz mit allem, was wir an körperlichen und geistigen Kräften in uns tragen und noch entdecken. Gerade unsere geistigen Fähigkeiten sind die entscheidenden Voraussetzungen für die Erlangung eines tragenden Fundamentes für den Frieden.

Letztlich sind die in uns selbst herrschenden „negativen" Veranlagungen am schwersten zu beherrschen und die „positiven" ebenso schwer zur Entfaltung zu bringen. Ein Zitat des Premierministers von Israel, Yitzhak Rabin, macht uns eine solche Aussage deutlich: *„Wenn man Frieden will, muss man immer der sein, der zuerst die Hand reicht."* Schließlich aber lassen uns die Ergebnisse dieser Suche gewiss einen Schatz finden, der uns für alle Ängste und Lasten entschädigt. Denn: Wo dein Schatz ist, da ist auch dein Herz, *(Mt. 6,21)*. Und wenn der Mensch sein Herz einsetzt, dann hat er auch die Kraft, Berge zu versetzen. Die Menschen, die uns ihre Erfahrungen in so einprägsamen Worten in der Bibel mitteilen, haben gleiche Erfahrungen gemacht, wie wir sie heute erleben müssen. Gewiss sind die Modalitäten unterschiedlich, aber die Grausamkeit unter den Menschen war immer aktuell und unfassbar. Ebenso war aber auch das Hochgefühl in Zeiten des Friedens zu erfahren. Im Bewusstsein der Unabänderlichkeiten unserer vielfältigen menschlichen Persönlichkeitsstrukturen sollten wir nicht nur unser historisches Wissen mittels Geschichtsbücher erweitern, sondern auch gelegentlich in die Bibel schauen.

# Tod

Allem ist die Zeit gesetzt, auf Erden hier zu weilen,
Was je auf Erden lebte, lebt, muss den Tod erleiden.
Der Tod, der bleibt halt immer Sieger,
Bezwingt selbst allerbeste Krieger.

Wenn der Löwe die Gazelle schlägt,
Verantwortung sein Hunger trägt.
Doch bringt der Mensch dem Menschen Tod,
Geschieht das meistens nicht aus Not.

Er bringt zumeist aus Neid und Gier,
Weil Mensch er ist, und nicht ein Tier,
Den Tod gar mancher kleinen Fliege,
Und für den Mensch durch seine Kriege.

Der Mensch geht immer nur aufs Ganze,
Erst mit dem Stein, dann mit der Lanze,
Heut nimmt er Panzer und Kanonen,
Denn der Krieg, der muss sich lohnen.

Er scheut keine Bomben und Raken,
Schickt Drohnen aus, um nur zu töten,
Zerschmettert alles Volk und Land!
Scheinbar fehlt ihm gar Verstand?

Und was ist sein Gewinn am Ende,
Wenn er selbst hat kalte Hände,
Weil ihn raffte nun der Tod?
Findet seinen Richter er in Gott?

# Verderben

Dem Volke bringt der Krieg Verderben,
Verwüstet weithin Stadt und Land,
Schont nicht Mensch, nicht Kreatur.
Oft bis ins dritte Grad der Erben
Ruiniert, was schaffte Volkes Hand,
Vernichtet gar alte Kultur.

Verderben, das ist der Tod auf Raten,
Für die, die sind nicht gleich gefallen,
Vor Hunger später erst verreckten.
So nimmt man nachher auch den Spaten,
Weil sie im Lande nicht mehr wallen
Und ihre Glieder von sich streckten.

Der Säugling, der gerad geboren,
Dessen Vater noch kämpft an der Front,
Sollte Zukunft sein für die Familie.
Er ist der Mutter im Schoß erfroren,
Blieb vom Verderben nicht verschont,
Verblühte rascher als eine Lilie.

Verbannung gar und Zwangsarbeit,
Verlust von Freiheit, von Kultur,
Das alles ist und bleibt Verderben.
Oft halten Kriege denn auch bereit
Ein Leben gar in Diktatur
Fürs ganze Volk und seine Erben.

# Leiden

Wer zählt die Leiden,
Die ein Krieg bereitet,
Die zahlreich sind,
Wie Bäume steh'n im Walde?

Wer zählt die Tränen,
Welche Mütter weinen,
Die füllen würden gar ein Meer,
Weil ihre Söhne sind gefallen?

Wer zählt die Wunden,
Die dem Volk geschlagen,
Das den Krieg doch niemals wollte
Und nun versinkt in tiefem Schmerz?

Wer zählt die Verbrechen
An Jungen, Alten, Frau und Kind,
Bereitet von der Söldner Horde,
Die ungehemmt das Land durchstreift?

Wer zählt die Toten,
Die im Kugelhagel starben,
Die sind begraben unter Trümmern,
Was zu beklagen kein Ende nimmt?

Wer zählt die Leiden,
Die ein Krieg bereitet,
Die zahlreich sind,
Wie Bäume steh'n im Walde?

# Verlust

Um die Verluste aufzuzählen,
Die Kriege immer mit sich bringen,
Braucht man sich nicht lange quälen,
Da jedem sie ins Auge springen.

Den Verlust an Leben zu beklagen,
Das ist des Krieges höchster Preis,
Er ist am schwersten zu ertragen,
Zumal wenn Tote noch nicht Greis.

Verlust an Gütern, Hof und Haus,
An Wäldern, Ernte, Feld und Flur,
An Getier, bis hin zur Maus,
Erleiden Menschen und Natur.

Verlust an Freiheit, an Geborgenheit,
An Heimat, an vertrautem Freund,
An Zukunft, auch an Sicherheit,
Werden folglich sehr beweint.

Verlust an eigenem Selbstvertrauen,
Da Ängste übermächtig wiegen,
Und aller Augen nur noch schauen,
Was in Schutt und Asche kam zu liegen.

Der Verlust an Frieden bleibt indessen
Als Lehre für die Zukunft haften:
Mensch, wovon bist du besessen,
Dass konntest du den Kriege nur schaffen?

# Gefangenschaft

Wer im Kampfe dem Tode entkommen,
Wird immer als Feind gefangen genommen,
Muss sich dem Gegner ganz ergeben;
Man nimmt ihm Freiheit aus der Hand,
Verfrachtet ihn in fremdes Land,
Bestimmt fortan sein karges Leben.

Ob das zu retten ihm gelingt
Oder doch der Tod ihn noch beringt,
Kann der Gefangene nicht ermessen;
Er bleibt für unbestimmte Zeit
Des Siegers Willkür stets geweiht,
Bis allen Glauben er vergessen.

In Fronarbeit wird er geschunden,
Ungeachtet seiner Wunden,
Seine Speise, Wasser - Brot;
Seine Haare sind ihm abgeschoren,
Krankheit und Seuchen in ihm bohren,
Akut sein Leben ist bedroht.

Hat er nach Jahren überstanden
Alle Leiden, alle Banden,
Kehrt er heim, wenn auch gebrochen;
Kann endlich Freiheit so genießen,
Doch muss er weiterhin noch büßen
Für das, was er hat nicht verbrochen.

Denn er ward vordem ja schon gefangen
Von denen, die ihn dazu zwangen,
Das Schießgewehr zur Hand zu nehmen;
Warum hat der Mensch es nicht geschafft,
Aus Kriegen und Gefangenschaft
Zu lernen? Wer kann Antwort geben?

# Vernichtung

In vielen Büchern wird berichtet,
Was durch Kriege ward vernichtet.
Wenn all das würde aufgeschichtet,
Die Sonne nicht mehr würd gesichtet.

So manches Volk, das ging schon unter,
So manches Land kam völlig runter,
So manche Stadt gepflügt auch unter,
Abertausend Dörfer brannten runter.

Vernichtet Abermilliarden Leben,
Vernichtet all das schöne Streben,
Vernichtet, was sich tat erheben,
Vernichtet, was konnte Zukunft geben.

Und immer wurde ausgedacht,
Wie Kriege man erfolgreich macht,
Was solches Denken hat gebracht,
Haben Hiroshima und Nagasaki klargemacht.

Und dieses Denken setzt sich fort
Bis heutzutage an manchem Ort;
So in der Ukraine beim Völkermord,
Wo der Vernichtung wahrer Hort.

So viel Geschichte auch berichtet,
Was durch Kriege ward vernichtet,
Es bei dem Menschen sich nicht lichtet,
Wie endlich Kriege man vernichtet.

# Untergang

In Pompei und Herculanum,
Da waren es Naturgewalten,
In Hiroshima und Nagasaki,
Da hat der Mensch gezeigt sein Walten.
Untergang! In jedem dieser Fälle
Gab es danach nur noch die Stelle.

Was den Untergang betrifft:
Gegen Naturgewalten machtlos,
Gegen Menschgewalten ratlos,
Das ist die ganze Quintessenz.
Doch ratlos sollten wir nicht bleiben,
Das wäre dumm, niemals bescheiden.

Demnach machte Dummheit in der Geschichte
Scheinbar Reiche ganz zunichte,
Von denen nur noch karge Reste
Zeugen, was einmal war das Beste.
Soll uns das Gleiche auch „verglücken"?
Wer wird zuerst das Knöpfchen drücken?

Vom Chaos, welches dann entsteht,
Die Mutter Erde sterbend bebt,
Verschwindet gar in der Galaxis
Durch der Menschen dümmste Praxis.
Dann endlich wird kein Mensch berichten
Von seinen Taten und Geschichten.

*Mit solcher letzten Zeitenwende*
*Geht unsere Zukunft auch zu Ende.*

# Leben

Leben, das sei eingedenk,
Ist für den Menschen ein Geschenk.
Sobald die Mutter ihn entweht',
Da freut man sich, dass er nun lebt.
Man wünscht Gesundheit ihm und Glück,
Von allem Guten je ein Stück,
Dass wenig Leid ihm sei beschieden,
Und dass er leben soll im Frieden.

Dass diese Wünsche, wohlgemeint,
Sind ein Geschenk, das sei verneint.
Denn will der Mensch am Leben bleiben,
Genügt es nicht, sich nur zu kleiden.
Er muss sich um sein Leben sorgen
Und kann es nirgends sich ausborgen.
Mit Anderen muss er Leben teilen
Und Wunden fähig sein zu heilen,
Er kann sich nicht im Busch verstecken,
Wenn Hände sich nach Hilfe recken.

Er muss lieben und verzeihen,
Will er wachsen und gedeihen.
Er muss vor Gefahren warnen,
Darf sich nicht mit Falschheit tarnen.
Er muss gut denken, er muss streben,
Er muss das Leben weitergeben.
Dies alles ist ihm aufgetragen,
Er muss und kann sein Leben wagen,
Für dich, für mich, für seine Lieben
Und auch für sich und für den Frieden

# Gedeihen

Wachsen und gedeihen soll die Saat,
Die der Bauer, mit Bedacht,
auf dem Felde ausgebracht,
Nachdem er dies bereitet hat.

Alsdann muss hegen er und pflegen,
Damit die Frucht gedeihen kann,
Muss Unkraut jäten dann und wann,
Heißt willkommen Sonn und Regen.

Nun muss geduldig er dann warten,
Bis die Frucht ist ausgereift,
Bevor er dann zur Sense greift,
Um die Ernte auch zu starten.

Für dies alles ist er gut gerüstet,
Schickt nun zum Himmel sein Gebet,
In dem er sehr inständig fleht,
Dass sein Feld nicht wird verwüstet.

Dürre, Frost und Hagelschlag,
Wasserfluten, Wildverbiss,
Bleiben für ihn ungewiss,
Gleich, wie er auch beten mag.

Das ist halt Schicksal, er sich sagt.
Nur eines kann ihm nicht gefallen,
Wenn auf seine Felder Bomben fallen
Und großer Kummer in ihm nagt.

Damit hatte er nun nicht gerechnet,
Dass er für unbestimmte Zeiten
Ein Saatbeet kann nicht mehr bereiten.
Er dacht', der Krieg sei doch geächtet.

Da irrt sich wohl der gute Mann,
Man kann es sicher ihm verzeihen
Und weiter hoffen, dass man Gedeihen
Doch nur im Frieden sehen kann.

# Freude

Freude, wenn ein Spiel gewonnen,
Wenn ein Leben hat begonnen,
Wenn man sich am Strand kann sonnen,
Wenn man im Lotto hat gewonnen,
Wenn Leid und Krankheit sind verronnen,
Wenn man eines Besseren sich besonnen.

Freude, wenn die Arbeit ist gelungen,
Wenn ein frohes Lied gesungen,
Wenn ein hoher Berg bezwungen,
Wenn ein Erfolg ganz fair errungen,
Wenn man frei ist, nicht gedrungen,
Wenn gute Freunde man gefungen.

Freude, wenn das Herze lacht,
Wenn Mutter gutes Essen macht,
Wenn frohe Kunde ward gebracht,
Wenn ein Engel hat gewacht,
Wenn das Haus nicht eingekracht,
Wenn das Erbe ist vermacht.

Freude, die ist dann vorbei,
Wenn ertönt das Angstgeschrei,
Wenn sich entfaltet Tyrannei,
Wenn Bomben fallen Reih auf Reih,
Wenn Raketen reißen alles entzwei,
Wenn Tränen fallen, schwer wie Blei.

Doch, wir wären Menschen nicht,
Wenn wir hätten Hoffnung nicht,
Wenn auch alles um uns bricht,
Wenn der Friede ist in Sicht,
Wenn er uns ist aufgericht',
Wenn Freude uns umgibt wie Licht.

# Gewinn

Fragt man danach, was ist Gewinn,
So muss man sicher tiefer graben,
Um zu erfassen auch den Sinn
Für eine Antwort auf das Fragen.

Gewinn? Das ist doch immer gut!
Geschenk ist er doch schließlich nicht,
Denn er kostet Kraft, er kostet Mut,
Fordert Klugheit, Ausdauer und Verzicht.

Doch eines gibt es zu bedenken:
Um was geht es denn in dieser Sache?
Sein Augenmerk muss man drum lenken,
Ob der Gewinn erzeugt gar Rache!

Revanche gar nach einem Spiel,
Das ist verständlich, das ist Kultur.
Vielmehr von Bedeutung ist das Ziel,
Was eine „Mannschaft" bringt auf Spur!

Sicher, das ist ein Gewinn
Für den, der auch den Krieg gewonnen.
Was aber ist für den der Sieg,
Der diesen Krieg hat nicht begonnen?

Was rechtfertig solch Gewinn am Ende
Angesichts der Toten, die sind zu begraben,
Der wüsten Felder, wo fleißige Hände
Zuvor gesät, geerntet haben?

Wahrlich, solch ein Gewinn ist niederträchtig,
Selbst wenn ein Klientel verdient daran.
Trachtet darum, dass das Gute mächtig!
Das ist Gewinn, für jedermann!

# Freiheit

Freiheit, das ist ein großes Wort,
Ein jeder Mensch möchte darin leben,
Dass sein Bedürfnis sich kann entfalten.
Gleich wo er lebt an seinem Ort,
Da sieht man ihn auch danach streben,
Den Weg zum Ziel auch zu gestalten.

Sehr ehrenwert ist solche Sicht,
Wenn man sie darauf auch beschränkt,
Dass Menschen Eremiten wären.
Doch wo bleibt das Gleichgewicht,
Wenn die Realität man klar bedenkt,
Dass allein der Mensch nicht lebt auf Erden?

Seine Freiheit zu verwalten,
Muss der Mensch besonnen bleiben,
Seinem Drängen Grenzen setzen.
Will er sie in Freiheit mitgestalten,
Muss er tun, was ihm zu eigen,
Mit der Umwelt sich vernetzen.

Beliebigkeit ist Freiheit nicht,
Wenn um den Menschen man sich müht,
Der auf dem Wege mit marschiert.
Verantwortung ist vielmehr auch Pflicht,
Denn wenn man nur sich selbst noch sieht,
Sind die Konflikte programmiert.

Freiheit, die ich meine,
Sie ist das höchste Ideal,
Das den Frieden wachsen lässt.
Sie benötigt stets das Eine,
Das überwindet alle Qual:
In Liebe walten, felsenfest.

# Bewahrung

Eine Aufgabe, die wohl die schwerste ist,
Den erreichten Frieden zu bewahren,
Gelingt vielleicht nur für die kurze Frist.
Wenn nicht gebändigt das Gebaren,
Das zu dem Streite hat geführt,
Liegt man sich bald gar in den Haaren.
Missachtend, was der Vernunft gebührt,
Wird man niederträchtig und gemein
Im Streite, der nun fortgeführt.
Ehe der Bruder seine Hand kann heben,
Haut man ihm den Schädel ein,
So kann man denn auch weiter leben.

Im Streite, wie er hier beschrieben,
Das alte Muster ist zu sehen,
Wie es seit Adam wird getrieben.
Hier ist Bewahrung zu verstehen
Als ein Erbe für die Menschen alle,
Solang die Welt auch mag bestehen.
Doch es ist in jedem Falle
Erkenntnis immer auch gewesen,
Zu zähmen die Vernichtungskralle.
Wenn Frieden anfängt zu genesen
Und die Hoffnung wieder keimt,
Kann man als Bewahrung dies auch lesen.

Die Hoffnung, Frieden zu bewahren
Bleibt, solang es Menschen gibt,
Sooft sie sich kriegen auch in den Haaren.
Das aber kann der Mensch nur, weil er liebt,
Weil darum er verzeihen kann
Und seine Hand zum Frieden gibt.
Sich das zu bewahren, ob Frau, ob Mann,
Aufs Neue, gleich, zu welcher Zeit,
Ist wohlgetan und führt voran.
Selbst, wenn der Mensch auch weiter bleibt
Bereit zum Krieg, kann ihn nicht ächten,
Ist er stets für den Frieden auch bereit.

# Zukunft

Nehmt Abschied, Brüder, ungewiss
ist alle Wiederkehr,
die Zukunft liegt in Finsternis
und macht das Herz uns schwer.

Angesichts der Weltenlage
Drückt dieses alte Volkslied aus,
Was wir erleben dieser Tage,
Die Angst, die wächst vor dem Garaus.

Niemand weiß, was morgen kommt,
Ob der Krieg noch näher rückt,
Ob wird auch bald bei uns gebombt,
Der Sensenmann die Sense zückt.

Der Garaus aber ist auch nicht gewiss,
Denn der Himmel wölbt sich übers Land,
Bekommt unser Leben auch einen Riss,
Wir ruhen all in Gottes Hand.

Darum, Zukunft gehört den Optimisten,
Sie glauben fest, dass unser Leben,
Genau das glauben auch die Christen,
Nicht am Heute nur wird kleben.

Doch die Hände in den Schoß zu legen
Und untätig auf die Zukunft hoffen,
Das wäre freilich nicht ein Segen,
Das Tor zum Untergang nur offen.

So greif denn, Mensch, beherzt zum Spaten,
Und pflanz den Baum in deinem Land,
Dass er gedeih, ob deiner Taten,
Denn Zukunft braucht den Sachverstand.

Denn Sachverstand und Bauchgefühl,
Die muss der Mensch allzeit beherrschen.
Wenn er den Frieden sichern will,
Muss diese Absicht in ihm herrschen:

Hoffnungsvoll nach vorne blicken,
Im Glauben felsenfest wie die Berge stehen,
Dann wird Zukunft sicher glücken.
Wir wollen Kindeskinder sehen!

Wir wollen sehen, wie sie spielen,
Wie frei und glücklich sie dann wachsen,
Und sorgen, dass sicher sie sich fühlen
Können ohne Krieges neue Faxen.

Vergangenheit, die soll uns lehren,
Was wir im Heute müssen tun,
Damit dem Bösen wir können wehren,
Und Zukunft wird vor ihm immun.

# Der Mensch

Du fragst: Was ist der Mensch,
       ein Tier, eines Gottes Bild?
Er raubt, mordet, ohne Not,
       er rettet, heilt, hat Lieb',
Er hat Verstand, er plant
       Krieg und Wohlfahrt je nach Trieb.
Du siehst, der Mensch ist Mensch,
       nicht Tier, aber dennoch wild.

Du fragst: Wer ist der Mensch,
       der Herr der Natur und mild?
Er baut, reißt nieder allemal,
       ist Geber und auch Dieb,
Nimmt, was Erde alles hat,
       fällt selbst dann durch das Sieb.
Du siehst, der Mensch ist Mensch,
       der seinen Hunger stillt.

Menschen, die da leben,
       sind solche und auch solche.
Es gibt ganz Heilige,
       doch auch ganze Strolche,
die leben neben dir
       fast ganz genau wie du.

Menschen, die da leben,
       sind oft auch genial,
doch von der Masse sind
       die meisten stinknormal,
die leben neben dir
       und sehen es wie du.

# Du

Geht dich das alles etwas an? Gewiss, denn du willst ja auch im Frieden leben. Aber, dich einbringen, und vor allem wie und was, da hast du sicher auch deine Bedenken, denn du weißt nicht, welche Energie du brauchst und wie lange du gefordert sein wirst. Die Bilder in den Medien vom Krieg, die machen dich schon sehr erregt. Du hast vielleicht Angst, dass du auch in ein solches Geschehen hineingerätst. Du erkennst deine Ohnmacht, etwas zu bewirken, geschweige, den Krieg gar aufzuhalten. Solltest du daher aufgeben, resignieren? Ich glaube, das würde dir nicht deine innere Unruhe vertreiben, dich ruhig und entspannt schlafen lassen. Die Hoffnung auf Frieden, die bleibt auf alle Fälle in dir wach.

Ich habe im *Gotteslob*, dem katholischen Gebet- und Gesangbuch, ein oft in unserer Kirche gesungenes Lied gefunden, dessen Text dir Anregungen, vor allem aber Mut geben kann, wie du dich hoffnungsfreudig einbringen kannst.

1. Wo Menschen sich vergessen, die Wege verlassen, und neu beginnen, ganz neu, da berühren sich Himmel und Erde, dass Frieden werde unter uns, da berühren sich Himmel und Erde, dass Frieden werde unter uns.
2. Wo Menschen sich verschenken, die Liebe bedenken, und neu beginnen, ganz neu, da berühren sich Himmel und Erde, dass Frieden werde unter uns, da berühren sich Himmel und Erde, dass Frieden werde unter uns.
3. Wo Mensch sich verbünden, den Hass überwinden, und neu beginnen, ganz neu, da berühren sich Himmel und Erde, dass Frieden werde unter uns, da berühren sich Himmel und Erde, dass Frieden werde unter uns.

*Text: Thomas Laubach, Musik: Christoph Lehmann*

?..??....????........????????................??????????????????.....

Und nun? Was bleibt? Fragen? Ja, gewiss! Und es werden immer mehr! Denn, wenn ich eine beantworte, stehen gleich die nächsten zur Klärung an. Ich sehe kein Ende, verliere fast meine Orientierung, weiß bald nicht mehr, warum ich noch fragen, geschweige denn, nach einer annehmbaren Antwort suchen soll.

Aber dann kommt mir der Gedanke nach dem, was mich zum Fragen motiviert. Ich weiß, dass ich das Böse nicht ergründen kann und daher auch keine Lösung finde, um es überwinden zu können. Ich habe auch kein Rezept, wie man das Gute so stark machen könnte, um das Böse endgültig aus der Welt zu schaffen. Ich muss raus aus der Fortsetzung meines Kreis-Laufes, nur Fragen zu stellen nach Ursachen und Wirkungen. Ich erkenne, wenn ich in dieser Sicht stecken bleibe, dann sollte ich besser aufhören zu fragen. Das aber will ich nicht, denn die Thematik bewegt mich und dies nicht erst seit dem Krieg gegen die Ukraine.

Wenn ich also nach der Zukunft frage und dabei in der Ungewissheit von Entwicklungen verhaftet bleibe, komme ich am Ende auf den Gedanken, dass die Erde ohne Menschen vielleicht besser zurechtkäme. Das aber wäre ein irrationaler Rückschluss, da ich dem Menschen seine angeborene Neugier absprechen müsste. Und so rücken alle meine gestellten und noch verdeckten Fragen in eine für mich akzeptable Sicht, die mir meine eigene Unkenntnis und Unfähigkeit annehmbar macht. Neugier und Hoffnung verschmelzen, sodass ich ohne jeglichen Gedanken an eine Resignation den Fragezeichen trotze. Und wenn diese meine Haltung Überzeugung, ja, Glaube wird, dann bleibt mir die Hoffnung auf ein gelingendes Leben, das seinen ganz besonderen Sinn hat.

# Resümee

Nun liegt ein Weg hinter mir, ein langer Weg des Nachdenkens über Krieg und Frieden. Das Vorhaben, einen solchen Weg zu beschreiten, war nicht mit einem von Anfang an konkreten Ziel im Sinne eines greifbaren Ergebnisses verbunden, wie es z. B. in der darstellenden Kunst der Fall ist. Bei allen bis dahin in mir bestehenden und neu gewonnenen Erkenntnissen war der Weg ein kreisförmiger. Das heißt, Start, Strecke und Ziel blieben trotz vielfältiger Reflexionen immer im Nachdenken verhaftet. Hätte ich mir den Weg dann ersparen können? Sicher nicht, denn der Buchtitel deutet doch ein Ergebnis des Nachdenkens an, nämlich Fortsetzung.

Der Kampf um einen dauerhaften Weltfrieden bleibt ein andauernder Prozess, solange es Menschen auf dieser Erde gibt. Damit ist der große Traum der Menschheit als nie erreichbar gekennzeichnet. Ist das eine Enttäuschung? Nein, es ist die Gewissheit, die wir immer wieder bestätigt finden. Aber wir Menschen wollen doch glücklich und zufrieden leben, das steht doch außer Frage und gilt ausnahmslos für jeden Einzelnen.

Die Frage nach den Ursachen von Krieg spielt dabei die entscheidende Rolle. Wenn wir diese nicht erkennen, auch im Bewusstsein, dass wir diese nicht beseitigen können, gelangen wir auch nicht zur Erkenntnis der Gegengewichte. Und gerade diese sind es, die unser Zusammenleben von der Familie bis hin zu den gesellschaftlichen Strukturen eine Atmosphäre von Glück und Zufriedenheit verschaffen können.

Wir müssen in die Lage kommen, Ursache und Wirkung zu erfassen und dann abwägen. Kurz gesagt, unser Denken muss dualer werden. Das heißt, wir müssen uns der „negativen" Unabänderlichkeiten unserer entwicklungsbedingten

Prägung bewusst sein und sie zu beherrschen suchen. Darüber hinaus aber auch alle „positiven" Verhaltensweisen erkennen und im mitmenschlichen Umgang zur Geltung bringen. Der Kain in uns, der wird nie sterben, aber vielleicht gelingt es, ihn zu erziehen – mit viel, mit ganz viel Liebe?

Konkret möchte ich das mit nachfolgenden Begriffen umschreiben:

Einheit und Vielfalt, Freiheit und Grenzen, das sind die unabdingbaren Voraussetzungen für ein Leben in einer gesicherten und zukunftsorientierten menschlichen Gesellschaft.

# Einheit und Vielfalt

Wenn Einheit sich in Vielfalt zeigt
und Vielfalt Einheit integriert,
wenn Einheit Vielfalt nicht verneint,
wird Einheit, die uns sicher führt.

Wenn Vielfalt sich in Einheit findet
und Einheit so sich kann gestalten,
wenn Vielfalt und Einheit
in uns gründet,
wird Vielfalt zeigen unser Walten.

# Freiheit und Grenzen

Wenn Freiheit sich in Grenzen hält
und Grenzen überwunden werden,
wenn Freiheit mehr
als Grenzen zählt,
wird Freiheit auf der ganzen Erden.

Wenn Grenzen sich in Freiheit zeigen
und Freiheit sich kann voll gestalten,
wenn Grenzen und Freiheit
uns zu eigen,
wird Grenzen-los sein unser Walten.